U0143089

故事演讲力

商业演讲中的
故事策略

赵金星◎著

北京大学出版社
PEKING UNIVERSITY PRESS

内容提要

在本书中，作者结合自己对故事与演讲的研究，系统介绍了故事的底层逻辑与讲故事的策略，本书共分为八章，分别介绍读者认识故事，分析了故事影响决策的原因，讲述了故事思维对演讲的重要性，分析了如何从身边发现故事线索，介绍了如何使用故事黄金三角雕琢故事，如何使用故事矩阵构建故事，如何设计演讲场景以及故事要真诚才能得人心。这是一本教你讲好故事，塑造个人品牌，轻松影响他人决策的宝典，适合职场人士、中高层管理者、创业者等学习使用。本书所教的方法能够帮助你在团队会议、产品推荐会、工作汇报、培训、路演等活动中取得意料不到的效果。

图书在版编目(CIP)数据

故事演讲力：商业演讲中的故事策略 / 赵金星著
. — 北京：北京大学出版社，2024.5
　ISBN 978-7-301-34974-8

　Ⅰ.①故… Ⅱ.①赵… Ⅲ.①商务 - 演讲 - 语言艺术
Ⅳ.①F7②H019

中国国家版本馆CIP数据核字(2024)第072015号

书　　　名	故事演讲力：商业演讲中的故事策略	
	GUSHI YANJIANGLI: SHANGYE YANJIANGZHONG DE GUSHI CELUE	
著作责任者	赵金星　著	
责 任 编 辑	刘　云　姜宝雪	
标 准 书 号	ISBN 978-7-301-34974-8	
出 版 发 行	北京大学出版社	
地　　　址	北京市海淀区成府路205 号　　100871	
网　　　址	http://www.pup.cn　　　新浪微博:@北京大学出版社	
电 子 邮 箱	编辑部 pup7@pup.cn　　总编室 zpup@pup.cn	
电　　　话	邮购部 010-62752015　发行部 010-62750672　编辑部 010-62570390	
印 刷 者	三河市北燕印装有限公司	
经 销 者	新华书店	
	720毫米×1020毫米　16开本　15.5印张　223千字	
	2024年5月第1版　2024年5月第1次印刷	
印　　　数	1-4000册	
定　　　价	79.00元	

故事，超越语言的沟通艺术

故事是我们共同的语言，贯穿于人类文明的每个角落。

作为一名赋能企业组织变革近三十年的从业者，我深刻认识到了故事在促进沟通、影响他人、塑造领导力以及推动变革中的关键作用。它不仅是一种语言技巧，更是一种思维，一种智慧，一种能量。然而令人遗憾的是，虽然故事的价值如金子般珍贵，但真正懂得使用故事的人和组织却寥寥无几，对于这种现状，我甚是惋惜。直到我读到赵老师的《故事演讲力：商业演讲中的故事策略》，我看到了改善这种现状的可能。书名虽然是《故事演讲力：商业演讲中的故事策略》，但我品读后，发现其内涵远不止于此。它不仅展示了故事在演讲领域的应用策略，更在商业沟通、卓越领导、赋能组织发展等方面具有较高的借鉴意义。

与赵老师相识已有十八年，遥想最初在摩托罗拉销售学院共事时，我作为赵老师的直属领导，见证了他以故事驾驭语言的非凡能力。2015 年，赵老师决定创业，我得知他的战略焦点是故事在商业领域的应用时，不由对其与团队的独到眼光充满了赞赏。我曾参加过赵老师的相关课程，感悟颇深，我深知故事对组织的巨大价值，故坚信赵老师的事业必将有所突破。

不久前，我得知他的《故事演讲力：商业演讲中的故事策略》即将出版，对此并不惊讶，反而充满期待。毕竟，这些年我见证了赵老师在故事领域取得的成就。我仍然能记起他说出"让一亿中国人讲出好故事"的使命时，语气中透露出的坚定。所以，我认为他将这份知识和经验分享给广大读者，是一件令人兴奋的事情。

在收到赵老师的作序邀请时，我有些意外。作为赵老师曾经的伙伴和多年的挚友，我感到荣幸之至。

为了写好这篇推荐序，我们在电话中畅谈了很久。由于工作性质，我在细读本书时思维没有局限在"演讲"中，而是深深感到故事的力量在组织变革中的巨大潜力。我衷心希望更多读者能够阅读本书，因为它能够让我们真切地认识到，故事不仅是演讲场景下的技巧与发力，更是一种高维度、高视野的语言力量。

在这个充满不确定性的时代，故事能够帮助组织讲好愿景故事，实现自我沉淀，增强信心，强化彼此的凝聚力，向着更明确的愿景坚定前行。同时，故事也能够赋能组织顺应时代转型变革，塑造更具吸引力和说服力的品牌故事，从而在激烈的市场竞争中脱颖而出。此外，故事还能够跨越文化和背景的界限，改善人际沟通效果，建立起更深层次的共鸣和信任。

赵老师在表达对我的感激的同时，也对我的观点表示了认同，并透露《故事演讲力：商业演讲中的故事策略》只是一个起点，关于"故事的力量"的诠释，他会陆续出版其他系列书籍，如故事助力企业文化落地、故事提升领导力修为、故事赋能组织变革等，对此他已有明确的规划，这让我更加期待。

平心而论，作为故事的践行者和受益者，我依然能在本书中获益良多，比如赵老师提出的"故事是发生在听众头脑里"，这令我眼前一亮，一语惊醒梦中人。这一观点直击沟通的核心，揭示了许多人在使用故事改善沟通效果上的盲点。

赵老师还介绍了 JX 故事思维矩阵，强调并非只有那些跌宕起伏、情节反转、令人潸然泪下的故事才能触动人心、直达灵魂。其实，在组织内那些引发思考的故事同样价值连城，那些看似平淡无奇却有不同启迪的故事更应该被讲述。因为故事有功能性分类，不同故事应该有不同的应用技巧。

"讲故事黄金三角""故事的路障""三段式演讲地图"等工具，也具有较高的实操价值。在赵老师的讲解下，这些技巧与工具能够组成一套系统、全面的演讲能力提升方法，能够在潜移默化中改变我们的语言习惯，为那些寻求提升演讲能力的人带来实质性助益。

试问，当我们静下心来闭目回想，脑海中浮现的是什么？我想大多是模糊的记忆碎片，但其中最鲜明的，无疑是那些触动我们心灵的故事。这些故事不仅塑造了我们的过去，也将继续引导我们的未来。这便是故事的真正魅力——它们悄然居住在我们心中，影响着我们的思考和行为。

江为加

安永组织与人力资本咨询主管合伙人

2024 年 3 月

讲故事，亘古不变的沟通智慧

在这个快速变化的时代，我作为谷歌（Google）大中华区的首席市场官，每天都在见证科技如何重新定义我们的世界。然而，在这瞬息万变的背后，我发现不变的其实是人们的期待和行为，这才是推动商业前进的真正力量。

数字时代催生了无数新兴商业模式，它们借助技术的力量，力求更好地满足消费者的需求。作为品牌的建设者，我们的任务是通过个性化的营销体验，用智能的方式触及每一位消费者的心灵。有时候，人们说这都是数字技术的功劳，但我看到还有更深层次的东西：故事的力量。

无论是在谷歌，还是在我曾经服务过的宝洁、强生、迪士尼和星巴克等世界知名品牌，我始终坚信一点：故事给技术带来了温度，让我们的数字化努力变得生动感人。故事不仅吸引了人们的目光，还引发了共鸣，建立了真正的情感纽带。这些富有情感和人性的故事让我们的品牌不再只是空洞的宣传口号，而是每个人心中温暖的记忆。

因此，尽管我身处这个高速运转的数字商业世界，但我时刻提醒自己，我们的工作不仅是数字和算法的堆砌，更是心灵与心灵之间的深刻交流。这份洞察，贯穿了我的职业生涯，也是我如此推崇赵老师这本《故事演讲力：商业演讲中的故事策略》的原因。

和赵老师的相识可以追溯到我在星巴克任职时的2016年。那时我参加了他关于故事力量的课程，这门课程改变了我对沟通和语言的理解。

在星巴克任职期间，有一个问题一直困扰着我们：经销商伙伴始终认为星巴克推出的即开型饮品价格过高，在超市不好销售，我们曾尝试从品牌价值、原料选材、相关服务、技术创新等多个角度进行说明，但效果不佳。

在参加完赵老师的故事培训后，恰巧，我需要向所有经销伙伴分享年度计划，价格问题再次被提及，于是，我讲述了曾经到印尼的苏门答腊考察咖啡种植户的一段经历。

在星巴克到来之前，那里的村庄没有任何现代化的生活设施，当地居民甚至从来没有喝过干净的自来水，生活用水都是井水、河水。

为了改善当地居民的生活以及促进地方经济发展，星巴克与当地政府及咖啡农达成了长期合作。当星巴克用公平价格采购苏门答腊的咖啡并销往全世界时，那里居民的生活也在悄然发生着改变。我清晰记得，那天下午，一位大约7岁、身材清瘦的小女孩，带着好奇的目光走到水龙头面前，用力打开了水龙头，一股清澈的水流喷涌而出，整个村庄瞬间沸腾了。看着当地人相拥庆祝的情形，我第一次感受到在星巴克的工作居然如此有意义。随着咖啡产业的发展，当地的教育条件、医疗条件也逐步得到改善。

对我们而言，星巴克的产品不仅是一杯香浓的咖啡，更是无数人的生活期许。所以，在设定每一款产品的价格时，星巴克都会全面地思考并确保有足够的利润空间，这样才能够把收益带给世界上每一个需要帮助的角落。

当我讲述完这个故事，大部分经销商伙伴很受触动，并表示愿意接受并理解更高的价格，同时也愿意把一定的利益让给这些咖啡农。我知道这不仅是对产品价格的认可，更是对星巴克品牌的赞许。

在随后的职业生涯中，无论是公开演讲、制定市场策略、推出新产品，还是进行品牌建设，我总是提醒自己尝试运用"讲故事"的方式来放大语言价值。我深切体会到，故事是一种语言智慧，讲好故事是一种卓越的能力，而这种能力蕴藏在赵老师的这本《故事演讲力：商业演讲中的故事策略》中。

非常荣幸有机会提前拜读了《故事演讲力：商业演讲中的故事策略》这部佳作，并能为赵老师的新书写推荐序。作为相识多年的朋友，我在品读本书后，仍然被赵老师对故事演讲力的独特理解和深刻洞见所打动。书中不仅详细讲解了如何在生活及工作中发掘有价值的故事素材，更教会了我们如何构建富有吸引力的故事结构，并根据演讲主题的变化和听众的特点来调整故事的表述方式。这些理论、方法对于所有希望通过言辞影响他人的职场人士来说，都是极为宝贵的。更为重要的是，在我们研习这项技能的过程中，《故事演讲力：商业演讲中的故事策略》将作为我们的行动指南，随时提醒、指导我们如何讲好故事。

无论您是一位领导者、市场专家还是教育者，您都会发现，故事的力量能够激发潜在的创造力，建立更深的人际连接，甚至改变人们的行为和信念。不要错过赵老师所分享的这份智慧财富，让我们一起通过故事演讲的力量，创造更多的影响力。

黄介中

谷歌大中华区首席市场官（CMO）

2024年3月

自 序

◇◇◇◇◇◇◇◇◇

演讲只发生在听众的头脑里

演讲对于我们的生活与工作而言，有着不可忽视的重要性。我们每天都在用语言沟通和表达，通过演讲的方式传达重要的观点，争取理解和支持。在生活的各个方面和各个场景下，我们每天进行着无数的演讲，演讲已经成为人们探知世界、改变世界的重要方式。

然而，为何有些人的演讲能引人深思，令人心潮澎湃，而有些人的演讲却让人昏昏欲睡、毫无兴趣？为何有些人能够通过演讲轻易赢得他人的信任和青睐，而有些人却无法触动听众的内心？为何有些人的演讲能引发强烈的共鸣，而有些人却无法在听众心中留下深刻的印象？

对于这些问题，我可以用一句话来回答：我们是否懂得"演讲只发生在听众的头脑里"。

我相信，直到此时此刻，仍有人误认为演讲的主体是演讲者，而非听众。然而，演讲的真正魅力，其实并不在于我们口中迸发的每个字词，而在于这些字词如何在听众的脑海中引发共鸣，激发思考，如何在听众的脑海中组织成有情感、有张力的故事。这句话揭示了演讲的真正秘密，也成了我写作本书的灵感之源。

作为"故事的力量"的研究者，我不仅深入挖掘了故事在演讲中如此重要的原因以及听众更容易被好故事所打动的原因，还挖掘了如何有效地将故事融入每次演讲中，打动、引导和激励听众的方法。最终，我将这些研究所得系统地整理成本书，希望帮助更多朋友重新认识故事，重新认识演讲，用正确的思维强化自身，从而提升自己的演讲能力。

在《故事演讲力：商业演讲中的故事策略》中，我精心设计了一条提升演讲能力的路径。它不仅是为了让读者掌握演讲技巧，更重要的是让读者理解如何运用故事去增强自己的说服力，如何让每一次的演讲都能在听众心中留下深刻的印象。

故事不仅是人类最古老的信息传递方式，也是我们理解世界的关键。无论是古代篝火边的故事，还是现代的Ted Talk，故事始终起着至关重要的作用。它吸引我们，激励我们，甚至塑造了我们的信仰和价值观。因此，当设计演讲时，我们如何嵌入、塑造并讲述好故事尤为关键。

因此，我认为自己有必要、有责任编撰这本书。我的目标并非塑造一群出色的演讲者，或是告诉大家怎样才能打造一场精彩绝伦的演讲，虽然这些也很重要，但我认为理解并把握运用故事的真谛才是关键。我希望通过《故事演讲力：商业演讲中的故事策略》为大家揭示如何将枯燥、冷硬的数据和事实转化为充满活力和意义的故事；如何利用故事结构为大家的演讲添加深度，使之更加引人入胜。当大家掌握了这些，大家会发现，即使是最晦涩的主题，也可以通过故事变得生动有趣。

在本书的写作过程中，我不断对故事的力量、演讲的思维进行深度挖掘，并总结了许多具有启发性的见解，同时提供了具体的建议。

我还结合诸多真实的案例，阐述各种实操方法与关键理念，从而为大家了解"故事演讲力"提供一个富有深度和广度的视角。

此外，我坚信，本书带给大家的不仅是表面的知识，更是对深入思考的引导，以及对故事力量理解的深化。通过本书的指引，我们能够轻松将这些理论知识转化为自己的技能，提升自己的演讲能力与交际才能。

从灵感涌现到本书的编撰完成是一个漫长而充满挑战的旅程。它带给我无数的思考和观察，让我有机会深入探索故事赋能演讲的真谛，让我有机会将这些理解分享给大家。

这本书或许无法让大家一夜之间成为顶级的演讲者，但我相信它能够带大家看到未曾注意过的世界。我期待它能启发大家去寻找属于自己的独特声音，并帮助大家触及并实现自己的那些梦想。这是我的期待，也是我的祝愿，更是我最大的满足。

赵金星

2023年10月于上海

目 录

◇◇◇◇◇◇◇◇◇◇

第一章

◇◇◇◇◇◇◇◇◇◇◇◇

不讲故事
演讲缺灵魂

演讲不仅是一门技术，更是一门艺术。通过演讲，语言能够成为一种思想，一个方向，迸发出改变他人、改变世界的力量。成功的演讲者往往不会使用太多复杂的演讲技巧，他们更擅长讲故事，因为故事往往比事实、数据更有说服力，更能够改变他人的思维与决策。

01

听故事与讲故事是人的本能

故事是人类文明的重要组成部分。从史前文明到现代社会，故事已然成为我们连接文化与根源的纽带。我们从篝火边的传说中学习、交流、娱乐，并在这些故事中保存了智慧和价值观的种子。

故事的力量是强大的，它穿越时间和空间，保持文化的延续，贯穿于各民族的传承中。无论是我国的炎黄传说、女娲造人，还是希腊的神话，这些故事都塑造了民族独特的文化印记，影响了我们的价值观和行为准则。

自文明诞生之初，故事就已经深深烙印在我们的生活、道德和哲学中。它不仅是文化的显著标志，也是民族灵魂的重要载体。所以，听故事与讲故事，自古便是我们的传统，并逐渐变成了一种本能。科学研究也为这一点提供了有力支撑。

从科学的角度来看，故事可以刺激我们的大脑释放多种化学物质，如调节情绪的多巴胺、帮助形成记忆的皮质醇，以及促进同理心的催产素。这不仅能加强我们的专注力，激发我们的同情心，而且还能引导我们做出行为的改变。这就是故事的魅力。它能让我们沉浸其中，感同身受，并在无形中影响我们的思维和行动。

我们为何能与讲好故事的人产生共鸣？为何会被某些故事触动？背后的原因并不复杂，因为故事以一种我们能深刻感知的方式触动了我们的情感和认知。

尽管讲故事和听故事深深植根于我们的基因中，但真正能精通并运用这门艺术的人并不多见。作为一位致力于研究与推广"故事的力量"的个体，我逐渐认识到大多数人的内心都蕴藏着宝贵的故事，但它们往往被深埋于内心，未能找到向外界展示的窗口，未能发挥其内在的巨大价值。因此，我致力于激发他人基因中的故事特质，努力帮助更多的人，引导大家把故事讲述得鲜活、深刻，且能够触及聆听者的内心。

我深信，无论历史如何变迁，故事始终是我们在这复杂世界中的通行证，它点燃一个民族、一个国家的文化与智慧之火。因此，打磨故事的力量，增强故事的特质，不仅是对我们生活、工作能力的深度挖掘，更是我们攀登人生高峰的手段之一。

无论我们身处何地，面对何种境遇，我们都能在故事中找到开启另一扇人生大门的金钥匙。听故事与讲故事，不仅是我们的本能，更是我们与这个世界交流的桥梁，是我们理解他人、感动他人，乃至改变世界的有力工具。

在故事的赋能之下，我们得以展开人生的精彩篇章，将我们的故事化作墨迹印入生活的画卷，在这个世界留下印记。在感受故事的独特魅力，体验故事的神奇力量之时，我们也将经历一次心灵的洗礼，探寻到生命中更加绚烂的篇章。

故事如同一颗种子，它能够在听众内心落地生根，滋养思想，提供深刻的理解与体验。

——赵金星

02

"大道理"为什么难以说服他人

在我们的生活和工作中，会讲故事的人往往散发着独特的魅力，他们的话语亲切幽默，意味深长，这正是故事力量的体现。故事虽然简短，但它引发的共鸣却远超众多"大道理"。一个优秀的故事能够让听众沉浸在讲述者的语言中，被情节与角色所感动，进而被蕴含的哲理改变，影响他们的思考、决策与行动。

"大道理"虽然发人深省，却很难达到这一效果。这些"大道理"更多的是众人熟知的真相或真理，虽然揭示了许多社会逻辑、处世哲学，但并非完全出自个人的深刻见解。这意味着，我们所讲述的大道理很难为听众提供新颖的信息或独特的视角，加之众人对大道理过于熟悉，导致很多人在听到大道理时，内心会产生"你是在教我做事"的抵触情绪。

我相信，大家听到大道理的第一时间产生的不是兴趣，而是麻木、防备和抵触。这种情绪下交流效果会大大降低，语言很难产生说服他人的效果。大家需要牢记一点：人们更喜欢捍卫自己得出的观点，而不是被教育。一旦我们的讲话方式让对方产生了被教育、被教导的感觉，我们就站在了听众的对立面。即便我们的讲话内容正确、道理浅显易懂，听众内心也不愿接受，更不愿做出改变。可见，虽然"大道理"经常被提及，但是无法真正说服他人。所以，现代大多数成功人士和成功品牌，都喜欢在改变他人思维和决策时使用故事。

例如，拥有多年发展历史的全球著名品牌多芬，作为联合利华旗下最有价值的品牌之一，自发展之初就坚持传递"每个女性都拥有独特美丽"的发展理念，并坚持带给消费者真实可信的承诺。

在很长一段时间内，多芬喜欢通过直接的理念表达，引导更多消费者认可自己的品牌，或者使用统计数据来强调有多少女性因为使用多芬展现了自信美。但随着时代的发展，市场竞争越发激烈，单纯依靠数据与事实描述已经无法取得良好的宣传效果，由此多芬开始通过各种讲故事的营销方式来重新开拓市场。

2013年，多芬想向市场传递"你，远比自己想象得美丽"的理念。当时它没有采取口号宣传方式，而是推出一项"真实美丽素描"的广告活动，以此强调女性的真实美远超她们自己的认知。

在这项活动中，多芬聘请了一位经验丰富且从事过FBI侦查工作的专业画师。这位画师的工作就是通过参与者的描述画出参与者的相貌。在一个简单的房间里，画师与参与者被一块白布隔开。画师无法看到这些女性的真实面容，只能通过她们对自己外貌的描述来绘制图像。这些女性详细地描述了自己的脸型、眼睛、嘴唇和鼻子，画师则依据这些信息，用画笔逐步画出她们的脸庞。

随后，多芬进一步深化了这一活动，随机邀请一位并不认识参与者的陌生人，让这位陌生人向画师描述参与者的容貌，画师再根据这位陌生人的描述再次画出参与者的相貌。

令人惊讶的是当陌生人描述的画像展现在大屏幕上时，这些画像通常显得更加亲切、自然，并充满了生命力。当这两幅画像摆在一起时，形成了鲜明的对比。事实证明，女性通常对自己的描述更加严苛和挑剔，而陌生人眼中看到的往往是一种更加积极和美好的形象。

这项活动在极短的时间内打动了全球数百万的女性，无数女性在观看广告时深受感动。不久后，这一广告成为全球性现象，引发了关于女性自尊和自爱的广泛讨论。多芬用一个故事，不仅成功地传达了品牌理念，更让其在全球市场上再度焕发强大的生命力和感染力。就这样，多芬品牌在亚洲市场一战成名，多芬理念赢得了无数女性消费者的信赖。

在某种程度上这则广告更像是一则公益广告，它从头到尾没有任何的产品推销的成分，但其内容本身却深深触动了女性对美丽的关注和诉求。多芬将"你，远比自己想象得美丽"这句简单的口号，通过一个真实的故事进行落地，让更多人看到了当代社会带给女性的压力，以及女性对于"美丽"的追求而强加给自己的压力。如果当时多芬选择的是产品功效宣传或口号宣传，而不是讲故事，想必多芬也无法在全球范围内引发一场关于美丽真谛的革命。

通过多芬品牌理念传达的故事可以看出，大道理虽然清晰直观，内容浅显易懂，但缺乏情感温度，使人们在赞同它的同时，却不愿接受。而故事则不同，故事能够引领听众感悟和体验，用情感诠释道理的内涵，让听众产生共鸣。

当代知名的社会和认知神经科学专家、加州大学洛杉矶分校心理学教授马修·伯曼（Matthew D. Lieberman）展开过一项研究。这项研究的主要内容是了解人类理解他人思想和情绪的逻辑与方法。研究中，马修·伯曼使用磁共振功能成像（fMRI）技术观察了人们在听故事时大脑的活动。他发现，听故事时，我们的大脑不仅激活了处理语言和社交信息的区域，还激活了与我们自己的感觉和动作相关的区域。这代表我们在听故事时，不仅在理解故事，同时还在"体验"故事，这也解释了为什么我们能够利用故事深入理解复杂的概念和情境，记住更多的信息。

美国宾夕法尼亚大学沃顿商学院营销教授乔纳·伯杰（Jonah Berger）也曾展开过一项传播学研究，研究中乔纳·伯杰发现，故事拥有激发他人改变行为的强大力量。研究过程中，他将参与者分为两组，其中，一组参与者被给予了一组某个特定社会问题的数据描述；另一组参与者则被告知了一个包含相同问题的故事，故事中描述的社会问题对故事主角造成了深远影响。乔纳·伯杰要求两组参与者了解信息后进行捐款，结果显示听过故事的参与者捐款数量远高于听到数据事实的参与者。

这表明相同的社会问题，以故事形式表述更容易引发听众共鸣，并改变行为。这一结论也进一步凸显了故事在信息传播和引发人们采取行动方面所具有的巨大优势。乔纳·伯杰指出，当我们试图说服他人或者鼓励他人采取行动时，只关注数据和事实是不够的。相反，我们应该尝试去构建并分享故事，因为故事具有激发他人的情感，帮助他人更深入理解问题并鼓励他人采取行动的强大力量。

"体验"与"情感"是影响人们行为决策的巨大动力，两者可以瞬间点燃人们的激情，并在人们心中产生共鸣。

总而言之，讲述故事是一种强大的沟通方式。如果我们能够通过不断练习和敏锐洞察，讲述满足听众内心需要的故事，便可以真正影响人心。由此可见，讲故事不仅是一门语言艺术，也是一种沟通技巧，更是对人性深度理解和把握的终极智慧。

> 一个动人的故事能够令听众沉浸其中，让人忘记时间与空间，甚至忘记自我，被故事情节、故事人物牵动情绪，被故事蕴藏的道理影响认知、决策与行为。
>
> ——赵金星

03

故事能让演讲坐上"电梯"，直达人心

美国第16任总统、著名政治家与战略家亚伯兰汉·林肯（Abraham Lincoln）曾经说过："演讲就是讲故事，能通过故事来说明观点的演讲才是好演讲。"在信息爆炸的时代，我们的注意力被各种信息源争夺。而故事拥有独特的魅力，能吸引人的更多注意力，让听众不自觉地投入时间倾听、感知和思考，这便是故事对演讲的赋能。

在2007年1月9日的Macworld大会上，史蒂夫·乔布斯（Steve Jobs）以一个极具戏剧性的开场白揭开了iPhone发布会的序幕。他开场便讲道："今天，苹果将要重新定义手机。这一天我期待已久，苹果的所有员工亦然。"随后，乔布斯讲述了苹果发展的历程，他通过一系列小故事，向在场的人阐述了Mac如何改变个人电脑，iPod如何颠覆音乐世界。他回忆了苹果公司在发展历程中面临的各种挑战，生动地展现了苹果团队勇于创新、敢于突破的精神。这些故事中，既有幽默诙谐的情节，也有面对艰难险阻时的坚毅。在这场近90分钟的演讲中，在场的听众都紧随乔布斯的思维，深入了解了iPhone的设计理念以及苹果公司以用户为中心的设计初衷。通过这些故事，乔布斯让在场所有人意识到自己需要一款更好的手机，一款如iPhone这样的颠覆性产品。当乔布斯最终展示新一代iPhone时，全场响起了雷鸣般的掌声。在听众心中，他展示的并不是一款手机，而是一个划时代的产物，更是苹果公司挑战传统，勇于创新，改变大众生活的有力证明。

在这场发布会之后，越来越多的人开始意识到，苹果公司带来的不仅是手机领域的创新，更是一个时代的变革，因为他们听到了一个关于苹果公司将要改变世界的故事。

事实上，从古至今，那些伟大的领袖、智者以及颠覆传统的开创者，都是通过讲故事来影响人心，激发听众情感，从而引导他们采取行动的。无论是古希腊的演说家德摩斯提尼（Demosthenes），还是美国的民权运动领袖马丁·路德·金（Martin Luther King），他们都擅长用故事来打动听众，引发听众强烈的共鸣。历史已经证明，故事是演讲的灵魂。

对于演讲而言，故事不只是讲话内容的赋能，更是语言力量的放大。它能够令听众身临其境，激活听众的感官，让听众与故事产生共鸣。如此，听众的注意力会被牢牢吸引，陷入故事中，深入了解故事表达的含义。在这个过程中，信息更容易被记忆、理解和接受，听众的行动也自然得到驱使与改变。

这一切都源于故事营造的生动性和具象性。通过巧妙运用故事，演讲能够表现出有趣且富有吸引力的灵魂，使语言能够以最快的速度直达人心，产生化学反应。故事刻画的人物、情节和细节，能够让抽象的观点具象化，让复杂的概念简单化。听众在听故事时，可以在脑海中跟随演讲者的语言构建最适合自己的场景，这一场景不仅是立体画面，更是听众接受信息最舒适的环境。

几年前，我曾受邀参加上海伯乐会举办的一场人力资源论坛。身为主办人的朋友向我表示，一位重要的嘉宾因故无法出席论坛，希望我能够帮忙，为大家带来一场演讲。

由于这场会议已经进行了三天，讨论的信息量巨大，所以我到场时发现大部分参会人员已经十分疲惫，会场氛围十分沉闷。甚至其他嘉宾在台上发表自己的观点时，台下部分观众已经毫无兴趣，自顾自地看着手机、平板，毫无互动。

我非常清楚，单纯的信息传达此时已经无法引起太多关注，所以在上台之前我就明确了讲故事的演讲方式。当主持人邀请我上台之后，我直接用一个简单、幽默的故事开场，这种开场方式博得了大部分听众的诙谐一笑，让会场的氛围开始发生改变。随后我又将自己的观点借助一系列故事进行表达，在这一过程中，我看到在场的听众慢慢放下手机，关闭电脑，目光齐聚到我的身上。我演讲的时间不长，大约30分钟，而这场演讲结束时我发现会场外围一些参展公司的宣传人员也涌入了会场，向我报以热烈的掌声。

活动结束后，我的演讲被评为最受欢迎的演讲，并且我个人在听众心中留下了深刻印象。时隔多年，依然有人能够认出我，并表达对我的敬仰之情。我分享这段经历并非想炫耀自己的演讲能力，只是希望大家能够感受到故事为演讲带来的价值。其实，我在这场演讲中分享的每一个故事背后，都蕴含着众人熟知的道理，但正是因为有了故事的包装，这些道理才能够在复杂的信息传递环境下，直达听众的内心。

可见，在演讲过程中，众人熟知的大道理很难引起听众的长期关注，而故事则如同连接听众和演讲者之间的纽带，搭建起一座更顺畅的沟通桥梁。通过故事，我们可以将演讲转化成听众的观念与行动，触动对方的情感，引导他们深入思考，最终达到我们的目的。

演讲并非口才的游戏，而是一场直达心灵的对话。故事就是那把开启对话大门的钥匙，也是将演讲推向高潮的"电梯"。它赋予演讲生命力，赋予信息感染力，赋予理念影响力，赋予演讲者改变世界的能力。

听众或许会忘记演讲者说的言辞，但永远不会忘记演讲者所带来的感动。

——赵金星

04

AI时代，故事力是硬核竞争力

人工智能（AI）的兴起与发展正在颠覆、重塑现代人的生活。我们的工作、学习和交流方式因科技进步而不断变化，甚至连孩子的思维方式都深受其影响。与此同时，精准全面的商业计划书在投资者面前越来越缺乏说服力。企业应用最前沿的信息技术是为了提高效率、把握未来。但出乎意料的是，行业资源虽然得到了扩展与丰富，管理者的洞察力和想象力却开始停滞不前，仿佛信息和数字已经成了认知的负担和沟通的障碍。

这些现象揭示了一个有趣的悖论。一方面，人们认为数据、报表、现状描述更具说服力，因为这些基于我们的基本理性认知。另一方面，我们在数据、报表、现状描述下却不自觉地失去了倾听的兴趣，注意力分散，沟通效果大打折扣，这是因为我们抵触这些抽象的表达方式。

这一悖论折射出现代演讲的核心点：故事的价值和意义。我们最喜欢的是将理性认知用感性的方式交流、理解、学习和思考。所以，有了故事，沟通才有效果，观点才能被接受。

在AI时代，如何将枯燥的数据和信息转化为有趣、生动、有影响力的演讲，是我们当下必须面对和解决的问题。而故事的力量就是AI时代演讲中的硬核竞争力。

这并非我的个人见解，而是基于现实情境和人类认知的深度洞察。"书写人性，故事写心"，这句话在AI时代显得极为有力。数据和信息能为我们带来知识，而故事则是触动他人内心，引发共鸣的最佳方式。无论是商业演讲、学术演讲，还是公众演讲，真正能够带来良好效果的工具往往是故事。

2023年5月11日，2023谷歌I/O大会正式召开。这次发布会上，人工智能的影子遍布整个会场。谷歌发布了多款软件与硬件产品，选择用故事向公众传达它们的价值和意义。谷歌用一系列故事向公众描述各个产品的应用场景，讲述了这些产品的创新和研发经历，以及它们将如何改变我们的生活与世界。

故事的力量还与另一个非常重要的因素密切相关，那就是情感。人类是感性生物，我们对于情感的反应远远超过对数据和事实的反应。这就是为什么在商业中，情感营销的效果往往优于理性营销。因此，在AI时代，我们不仅需要掌握大数据和AI技术，更需要掌握故事的力量，让我们的演讲和表达更具说服力，更有影响力。

如今，虽然很多人认为缺乏数据统计与分析的语言难以具备说服力，但我们也要明白，人类的内心体验往往无法用数字概述表达。世界的鲜活、多样与精彩更需要故事来描绘和呈现。所以，故事的力量是AI时代最重要的能力之一。它能够帮助我们充分发挥AI科技的力量，助力我们实现宏大的目标。它以润物无声的方式影响他人，重塑沟通秩序，并产生强大的核心竞争力。

> 故事的力量，不仅能打动人心，更能激发人的行动力。
>
> ——赵金星

第二章

为什么故事能影响决策

在决策的道路上，数据、逻辑和事实能够展示一幅清晰的路线图，为我们明确决策指明了方向，然而，真正激发行动、打破僵局的往往是感性的"故事"。故事是决策的灵魂，它能够唤醒我们内心最深处的需求，让我们看清渴望的未来景象，进而引导我们做出各种决策。故事如同一种无形的魔力，用最平实的语言触动我们的心灵、激发我们的想象力，引起强烈的情绪反应，最终引导我们采取行动，这就是我们决策背后的真实力量。

01

大脑决策的科学逻辑

人生充满了各种选择和决策。小至生活琐事，大至命运抉择，无处不在的决策塑造了我们的生活，决定了我们的未来。

我相信所有人都知道决策的重要性，但在现实生活中，我们却常常做出错误的决定。例如，明知熬夜伤身，却依然晚睡；明知拖延会误事，却无法及时行动。这些现象表明，决策不仅是逻辑的产物，更是人们感性的决定。

大脑是人类最为复杂的器官，它不仅负责我们的思维和感知，还是我们的决策中心，更是所有行为的驱动源头。现代科学研究表明，人类的大脑并非简单的决策机器，它由多个不同的决策系统组成。这些系统有各自的任务和功能，它们相互影响，相互制约，共同决定了我们的行为。

为了深入了解大脑决策的科学逻辑，我们可以从两个层面进行讨论：大脑的构成与功能，以及认知决策系统与情感决策系统。

◆大脑的构成与功能

在详解大脑的科学逻辑之前，我们来介绍一下大脑的构成与功能。大脑是由数十亿神经元通过突触（即神经元之间的连接点）连接而成的复杂系统。每一个神经元都可以看作一台极小的计算机，能够接收、处理和发送信息。突触是这些信息在神经元之间传递的桥梁。这就是大脑处理信息的基本机制。

大脑可以划分为多个区域，每个区域都有特定的功能。其中，大脑皮层是负责思考、规划、决策和其他高级认知功能的核心区域。大脑皮层可以分为四个主要的部分：额叶、颞叶、顶叶和枕叶。额叶主要负责决策、规划、社交和人格表现；颞叶负责听觉和记忆；顶叶主要是处理触觉和空间感知；枕叶则是处理视觉信息。

在这些区域中，前额叶皮层是与我们决策相关的主要部分。前额叶皮层位于大脑的前端，它主要负责我们的认知控制和决策执行，比如制订计划和控制情绪等。这些功能可以帮助我们控制自己的行为，促使我们在不同情境下做出不同的决策。

除此之外，我们的大脑还有其他区域，比如杏仁核、海马体、下丘脑和脑干等。杏仁核负责处理情绪，特别是恐惧和愤怒；海马体是记忆的关键区域；下丘脑控制生命维持功能，如食欲、睡眠和体温等；脑干则控制一些基本的生命活动，如呼吸、心跳和血压等。

要理解大脑如何做出决策，我们必须关注大脑的两个重要区域：前额叶皮质和杏仁核。前额叶皮质主要是控制规划和决策，杏仁核则主导情绪反应。这两部分的相互作用对我们的决策行为起着关键作用，它们是我们理解大脑如何做出决策的基础，也是我们理解故事如何影响决策的关键。

◆认知决策系统与情感决策系统

虽然大脑的工作原理看似遵循严谨的理性逻辑，但做决策并不是一个理性的过程。决策过程包含丰富的情感因素，我们的思维并非完全受理性逻辑推理驱动，情感会对决策产生巨大影响。这便是前额叶皮质和杏仁核相互作用的表现。这两个部分又称为认知决策系统和情感决策系统。

前额叶皮质主导的认知决策系统，主要是使用逻辑、推理和分析帮助我们做出理性的决策。杏仁核主导的情感决策系统，则使用情感和直觉帮助我们在情绪和感觉上做出决策。

认知决策系统在我们处理复杂问题，例如，进行科学研究、解决数学问题、制定长期策略时，发挥主要作用。认知决策系统的工作速度相对较慢，它需要细致地处理信息，考虑各种可能的结果，才能得出决策结果。

情感决策系统在我们需要快速做出决策，或者在我们的认知资源有限的情况下，会发挥主要作用。例如，在紧急情况下，或在我们处理日常简单问题时，情感决策系统是决策的主要工具。虽然情感决策系统的工作速度非常快，但是它的决策可能会受我们的情绪、偏见或者过去经验的影响。

在日常生活中，我们的决策通常是这两个系统共同作用的结果。理想情况下，认知决策系统为我们提供了一个全面的、基于事实的视角，而情感决策系统则为我们提供了一个基于我们的个人价值观和情感的视角。二者相结合，我们才会做出全面且深思熟虑的决策。

然而，在现实生活中，我们的决策过程往往难以保持平衡。很多时候，情感决策系统会主导我们的决策，使我们的决策过于冲动或者存在主观偏见。而在另一些情况下，认知决策系统成为决策的主导系统，使我们的决策可能过于冷漠，忽视了情感需要。所以，理解这两个系统的工作原理和相互影响，对于我们认识自己的决策行为并做出更好的决策至关重要。

总而言之，我们大脑做决策的过程并非单线程和有序的。它是一个动态、多元的过程，涉及两个系统对事物不同的认知和相互作用。

理解这两个决策系统的特点和工作方式，对于我们理解故事的影响力非常重要。因为故事的力量，恰恰在于它能同时触动我们的认知决策系统和情感决策系统。一个引发听众共鸣的好故事，不仅能提供丰富信息，刺激听众的认知决策系统，而且还能引发强烈情绪，触动听众的情感决策系统。这种同时刺激两个决策系统的能力，使得故事更具说服力，能够深刻影响听众的决策。

> 故事的力量，恰恰在于它能同时触动我们的认知决策系统和情感决策系统。
>
> ——赵金星

02

故事的心理学"峰终实验"

2002年诺贝尔经济学奖得主、著名的心理学家丹尼尔·卡尼曼（Daniel Kahneman）曾做过这样一个实验。他邀请一组志愿者参加实验，这实验分为三个环节。在第一个环节中，志愿者将一只手放在14℃的水中60秒，由于水温远低于人体体温，所以这一过程会让人感觉不舒服，甚至痛苦。60秒之后，志愿者把手拿出来休息片刻，然后进入第二环节。在第二个环节中，志愿者依然需要把一只手放在14℃的水中60秒，不过60秒之后研究人员会悄悄在14℃的水中加入一些热水，使温度上升至15℃，并要求志愿者再坚持30秒。这两个环节的顺序不分先后。

无论这些志愿者第一、二环节的体验顺序如何，他们都需要面对一个相同的第三环节，即在完成第一、二环节的7分钟后，再体验其中的一个环节。令人惊讶的是，高达80%的志愿者选择了60秒14℃的水加30秒15℃水的体验。

我们不禁疑惑，14℃和15℃的水温都远低于我们的正常体温，长时间浸泡都会让我们感到不适与痛苦，而且60秒14℃水加30秒15℃水的过程相比另外一个过程还延长了30秒，为什么更多人选择了这种体验呢？

丹尼尔·卡尼曼从科学的角度给出了答案：人的大脑对于某一段经历的记忆会侧重这段经历的高峰时刻和结束时刻，即人的大脑会着重记忆一段经历的"峰值"和"终值"。在人脑的这种特性下，第一种体验和第二种体验的"峰值"相同，但第二种体验的"终值"比第一种体验的"终值"更舒适，因为水温提高了1℃，所以虽然第二种体验的时间更长，但大多数人认为第二种体验痛苦程度更低。这就是著名的"峰终定律"。

分享丹尼尔·卡尼曼的"峰终定律"是为了告诉大家，我们的大脑在处理复杂信息时，更倾向于记忆特定的重要时刻，而忽略中间的过程。无论是身体感受还是语言信息，这一规律都适用。

试问，你还记得上次工作会议上，领导说的第一句话吗？大多数人可能已经无法记起这句开场白了。但如果这次会议中领导点名批评或者赞扬了你，这段记忆则会被烙印在你的脑海中。

为什么我们难以记住那些平平无奇的细节，却能清晰回忆起某个关键时刻发生的事情呢？这正是"峰终定律"的体现。我们的大脑往往会挑选出一段经历中最激动人心或者最令人不悦的"峰值"时刻，以及那些经历的"终值"时刻来记忆，而忽略中间的部分。

"峰终定律"告诉我们，在传递信息时，对方很难记住全部过程，但对"峰值"和"终值"十分敏感，因此，我们需要在语言沟通中创造突出的"峰值"和"终值"，这正是故事所擅长的。通过故事跌宕起伏的情节，我们可以让听众记忆多个"峰值"，而圆满的结局也会成为听众愿意接受的"终值"，这便是故事心理学的"峰终定律"。

从故事心理学的角度分析，利用"峰终定律"影响听众决策有两个关键点，分别是影响结果的关键因素，以及体验自我与叙事自我。下面我们就从这两个方面详细讲解，如何巧妙地借助"峰终定律"来提升沟通效果。

◆影响结果的关键因素

我们的生活丰富多彩，可为何对于过往，我们只对部分事情印象深刻，其他的事情却如过眼云烟很快被遗忘？答案很简单，只有那些触动我们情感高峰时刻的事情，以及那些结束时给我们留下深刻印象的事情，我们才会记住。

这里的"峰值"和"终值"，并不单纯指时间节点，而是指一段经历中情感最为强烈的时刻，以及事件结束时触动颇深的时刻。在这两个时刻，我们的大脑会产生更强烈的反应，进而记忆深刻。这就是为何生活中我们能记住很好或很坏的事情，并且这些记忆可以持续很久，甚至陪伴我们一生。

记忆这些"峰值"和"终值"并不需要我们花费太多时间，我们的大脑能够在几秒钟内产生一生难忘的记忆。例如，在2008年苹果公司的MacWorld大会上，乔布斯拿出一个常规的办公文件袋，从中轻轻地抽出了一台极薄的笔记本电脑：MacBook Air。那一瞬间，现场观众震惊了，数百万观看网络直播的观众也很震撼。这台笔记本电脑的超薄设计和创新理念，给人留下了深刻的印象。

尽管大多数观众可能已经记不清乔布斯当时是如何介绍这款产品的，但他拿出笔记本的那一刻却能够在我们脑海中定格，也正是这一瞬间带来的"峰值"让更多人确信苹果公司具有改变时代的能力。

了解了故事心理学中"峰终定律"的强大之后，我们便可以在传递信息时有意识地利用故事创造这样的"峰值"和"终值"，以此来影响听众的决策。

相比平铺直叙或生硬冰冷的语言，故事更容易创造"峰值"和"终值"，成为一种强大的沟通和演讲工具。它能够将复杂的信息和观点以一种容易理解和接受的方式呈现。而故事的高潮和结尾，则是故事的精髓，是留在听众心中的记忆。因此，我们在演讲中应有意识地塑造高潮和结尾，把需要传达的关键信息设定在"峰值"和"终值"中，以获得更佳的演讲效果。

◆体验自我与叙事自我

丹尼尔·卡尼曼通过"峰终定律"的实验还得出另外一个结论：人类在做决策时存在心理偏差，即我们的决策更容易受体验的"峰值"和"终值"的影响，而容易忽略过程中的其他细节。所以"峰值"和"终值"对我们的决策有一定的主导作用。比如实验中认为第二种体验痛苦感更低的志愿者便忽略了痛苦的整体时长。

然而，卡尼曼同时也发现少部分志愿者认为第二种体验更痛苦，他们并没有忽略第二种体验的时长。因此，卡尼曼认为人们在做决策时存在两种不同的自我，即"体验自我"与"叙事自我"。

"体验自我"是指我们实时感知和体验世界的那一部分自我。它依赖感觉、情绪和思想的瞬时流动。换句话说，"体验自我"专注于"现在"，在每一时刻，都是全新的体验和感受。比如那些认为第二种体验更痛苦的志愿者，便主要受"体验自我"的影响而做出决策。

"叙事自我"是我们在记忆和想象中重新构建的自我。它通过"讲故事"的方式来理解和解释生活中发生的事情，从而赋予生活意义和连续性。它关注的是"过去"和"未来"，负责将各种体验串联起来，形成一种连贯的自我故事。比如那些认为第一种体验更痛苦的志愿者，便主要受"叙事自我"的影响来做出决策。

两种"自我"并非对立，而是同时存在的，并在我们的决策过程中发挥着重要作用。"体验自我"提供了实时的感受和反馈，帮助我们理解和应对即时情境。"叙事自我"则通过讲故事的方式，引导我们理解和评估过去的体验，并预测和规划未来的行动。这两种"自我"能够帮助我们解释为何善用故事能够改变他人的决策。

当我们阅读或者听故事时，我们的"体验自我"和"叙事自我"会被同时激活。故事的人物、事件和情感会影响我们的"体验自我"，引发我们的同情、喜悦、恐惧或者愤怒。同时，故事也会激发我们的"叙事自我"，促使我们在思维中构建起自己的故事，使我们对过去的记忆和对未来的期待产生新的理解和感受。

通过激活这两种"自我"，故事可以深入地影响听众的决策过程。听众可能会因为故事中的角色或情境而改变自己的态度和行为，或者因为故事中的情节和结局而对自己的过去和未来产生新的理解和预期。

相比之下，平铺直叙或生硬冰冷的表达缺乏"峰值"和"终值"，无法激活两种"自我"，自然也无法影响听众的决策。

总而言之，通过激活"体验自我"和"叙事自我"，故事不仅能影响听众的情绪和感受，还能改变其理解和预期，从而深刻地影响其决策。这就是故事心理学中"峰终定律"影响决策的原理。

　　因为故事更容易创造"峰值"和"终值"，所以它可以成为一种强大的沟通和演讲工具，能够将复杂的信息和观点以一种容易理解和接受的方式呈现。

——赵金星

03

故事为什么驱动了经济事件

当我们提及"经济"一词，大多数人第一时间想到的是数字、图表、金钱，极少有人将其与"故事"二字挂钩。可事实上，社会经济的发展进步同样离不开故事的驱动，如果说经济学是一座宏伟的建筑，那么故事便是支撑这座建筑的无形框架。

有经济学家认为，经济活动的发展并不仅仅依赖硬性的经济理论或者经济模型，而是深受人们共享的信念、观念和情绪的影响。这些信念、观念和情绪通过故事的形式传播，如同无形的大手推动着社会经济的发展。

试想一下，我们能够说出的那几位影响时代发展的商业强者，比如任正非、乔布斯等，我们是通过哪种方式了解他们的经济思维与惊世之举的呢？当然是故事。故事不仅是我们理解世界的一种方式，更是创造和改变世界的重要工具。

在世界发展史中，故事的力量已被充分展现。在不同的历史时期，不同的故事传递着不同观念和情绪，影响着人们的经济决策，从而决定了一个时代的经济走向。例如，任正非的创业故事诠释了中年人的励志精神；乔布斯将世界带入了数字经济时代，从而改变了人们的生活方式。故事如同经济学的神秘"DNA"，在经济事件中发挥着重要作用。

然而，故事在经济学领域的作用没有受到足够的重视。尤其传统经济观念普遍认为，社会经济发展主要受供需、价格、利率等因素的影响，而对于故事在其中发挥的作用却视而不见。这种忽视不仅影响了个人在经济领域的判断和决策能力，在一定程度上也制约了整个社会的经济发展速度和方向。

诺贝尔经济学奖得主罗伯特·席勒（Rebart Shiller）曾对"故事对经济学的影响"进行过深入的研究。他认为故事和经济活动之间的关系远比我们想象得复杂，这促使他提出了全新的经济学观念：叙事经济学。

叙事经济学的核心是故事通过影响人们的情绪和预期，进而影响人们的经济行为。这一观念打破了传统经济学过于理性的束缚，使我们可以更全面、更深入地理解经济活动的本质。

在实际经济活动中，故事的力量及其所引发的集体共鸣在很大程度上决定了经济发展的走向。一个有影响力的故事能够引发广泛共鸣，进而形成强大的经济动力。它如同一种病毒，通过人际交往的方式迅速传播，感染了每一个人，从而引领了经济潮流。

罗伯特·席勒还提出，故事是经济学的一种重要影响因素，它的力量在人类历史中的影响力不可小觑。叙事经济学为我们提供了一个看待经济的全新视角，让我们可以更深入地理解经济活动的本质和发展脉络。

接下来，我们从"讲故事是人类知识的基础"和"经济领域的故事是如何影响人心的"两个层面来详细分析故事如何驱动经济事件，以及如何提升讲故事的能力就等同于提升自身的经济能力。

◆ 讲故事是人类知识的基础

罗伯特·席勒是一位行为经济学家，他对于经济的理解超越了传统的经济模型。他提出的叙事经济学概念引入了传统主流经济学中鲜少探讨的经济叙事，即将社会中关于经济现象的口述或文字描述纳入考量，并强调这些叙事以及由此引发的心理情绪对经济行为具有深远影响。

叙事经济学的两个基本假设非常有启发性：一是人并非如新古典主义所设定的那样理性，这一观念在近几十年的行为经济学革命中得到了广泛认可；二是经济波动受到叙事的影响，即叙事通过影响人类行为，进而影响经济。

我们可以通过一个真实的案例来理解叙事经济学的这种影响。2008年，全球金融危机爆发，随后，有关金融危机和经济衰退的叙事开始在社会中传播。这些叙事加剧了人们对未来经济的恐慌情绪，进而影响了大众的经济行为：消费者减少消费，企业裁员和减产，投资者抛售股票。这些行为反过来加剧了经济的下滑，形成了一种恶性循环。

更为关键的是这种恐慌情绪并不完全基于经济的实际情况，而是很大程度上受到了叙事的影响。例如，尽管最初大多数人并没有直接受到金融危机影响，他们的收入和财富并没有减少，但在金融危机的叙事影响下，这些人也开始减少消费和投资，希望以此减小金融危机对自己的影响，但这恰恰放大了金融危机的规模与恶劣后果。这就是叙事经济学的力量：通过影响人们的心理和行为，驱动甚至改变经济的走势。

这一事件不仅证实了罗伯特·席勒的第一个假设，即人并非完全理性，更充分验证了他的第二个假设，即经济波动深受叙事的影响。当负面的经济叙事开始在社会中广泛传播时，人们的恐慌情绪被放大，进而导致经济活动的大幅萎缩。

通过这一案例，我们可以清晰地看到，叙事如何通过影响人们的情绪和行为来驱动经济事件，而叙事的主要体现方式正是故事。

讲故事不仅是我们传递信息和娱乐的方式，更是我们理解世界的主要方式。我们通过故事来理解事物，记忆事实，并形成价值观。事实上，人类的大脑似乎对故事有一种内在的偏好。故事能够提供情境，将抽象的信息具体化，使我们更容易理解和记忆。

在古代，人们通过口口相传的方式将文化、历史、科学知识等代代相传。这些故事塑造了人类社会的共同认知，影响着我们的决策和行为。当然，随着文化和科技的发展，我们的故事变得更加复杂和丰富，但其核心的功能并没有改变：帮助我们理解世界并指导我们的行为。

这种知识传递的模式在经济领域同样适用，因为经济现象往往涉及复杂的相互作用和不确定性，我们需要一种方式来理解和解释它。故事恰恰提供了这样一种方式，例如，我们从小就听过这样的故事：一个人通过勤奋工作、吃苦耐劳，最终获得了丰厚的财富。这类故事虽然有各种不同的形式，但都描述了一个人通过努力获得了经济上的成功，并传达了一个深层次信息：勤奋努力是追求财富的关键。这类故事影响了无数人对财富追求的理解，影响着几代人的经济决策。虽然我不否认勤奋努力的重要性，但这个故事同样存在片面性，因为这类故事大多忽略了创新，忽略了当代社会竞争的残酷性。

这个案例揭示了故事对于经济决策的双重影响：既有正面的激励作用，也有负面的引导作用。但不可否认，讲故事是我们获取知识、理解世界的基础，对经济领域也同样具有深远影响。

◆经济领域的故事是如何影响人心的

在经济领域，故事的影响力非常明显。正如我在前面提到的，我们了解当代商业巨头的经济思维、经济壮举，更多的是通过故事的方式。

经济活动并不是孤立行为，它们既受到理性选择的影响，也受到我们情感和认知的影响。经济学家和市场研究人员已经发现，人们对经济的决策并非完全基于理性分析，而是受到各种社会、心理和文化因素的影响。其中，故事扮演了重要的角色。

经济故事的形式多种多样，包括品牌故事、创业者故事、投资故事等。它们能够吸引我们的注意力，激发我们的情感，影响我们的决策。例如，一个引人入胜的品牌故事可以提升消费者对产品的认同感，增强品牌忠诚度；一个激励人心的创业者故事可以吸引投资者，为企业筹集资金提供有力的支持。

以2008年的全球金融危机为例，这场危机的发生，很大程度上与一个故事的盛行相关。最初，美国政府为了刺激经济发展，开始加大对房地产行业降息、减税等政策的扶持，这让互联网泡沫破裂后的投资者找到了新的战场。一时间，房地产成了当时最佳的投资领域，于是美国房地产市场开始流传一个房地产行业将持续增长的故事。在这个故事的影响下，大大小小的投资者开始倾力购买房地产及其相关的金融产品。当市场供需平衡被打破，房地产行业出现危机时，便出现了我在前面提到的"叙事"情况，这导致了房地产行业的加速崩盘和金融危机的提前出现。

正所谓雪崩时没有一片雪花是无辜的，而故事正是引发这场雪崩的震荡波。它的高速传播不仅影响了大众的决策，也引发了整个经济系统的变动。当大多数人都相信某个故事时，这个故事便可能塑造一种现象，影响经济运行。然而，故事并不总是真实的，我们需要具备批判思维，对故事进行辨析和筛选，以免被虚假的故事误导。

我希望大家明白，故事的力量足以改变一个行业的命运，塑造一个时代的经济图景。它影响着我们的经济认知、社会情感，指导我们的财富决策。因此，理解和运用故事的力量，正是我们在复杂的经济环境下取得成功的关键。

> 一个有影响力的故事能够引发广泛共鸣，进而形成强大的经济力量。
>
> ——赵金星

04

故事是如何影响他人做出决策的

从古至今，我们的生活、社会、文化和政治，无一不被故事所影响。而作为经济的重要影响因素，故事已经成为我们理解和预测经济事件的关键。

故事可以被视为人类文明的载体，它包含时间、地点、人物、行为和结果，充满了感情色彩和感官细节。正是这种丰富多元的构成，使故事成为一种强大的沟通工具。它能够引导听众的注意力，触发他们的想象力，唤起他们的情绪，从而引导他们做出决策。

美国前总统奥巴马曾说过，美国总统的主要职责是持续地向美国民众"讲故事"，他正是通过"讲故事"影响了无数人的行为和决策。

或许我们未曾发现，但事实上，我们的决策往往被触动人心的故事改变。比如2023年3月，淄博烧烤突然火爆全国，而起点就是一条"大学生组团坐高铁去淄博撸串"的视频，这条视频搜索量高达525万，播放量数千万。随后，全网开始流传一群大学生到淄博享受美味烧烤的故事，甚至开始流传这样一句话："小饼烤炉加蘸料，灵魂烧烤三件套。"

这个故事被传播后，无数人萌生了到淄博吃烧烤的想法，这带动了淄博饮食和旅游行业的高速发展。

淄博烧烤的突然火爆足以说明，故事对个人决策、城市发展乃至国家举措的深远影响。

根据故事展现的影响力，我们可以把故事影响他人决策的过程分为四个步骤：吸引注意、触发想象、产生情绪、做出决策。下面，我们就从这四点来详细了解故事是如何影响他人做出决策的。

◆吸引注意

故事的魔力，始于其吸引他人的注意力。在当下这个快节奏的时代，吸引他人的注意力变得非常困难。但故事却能轻松做到这一点，因为它通过营造紧张情绪、引发好奇心或触动情感等方式，可以将我们从日常琐事中解脱出来。它通过构建一种可预见但又不完全确定的结构，使我们的注意力自然而然地聚焦在故事的后续发展上。

想象一下，当你听到"我今天遇到了一件奇怪的事"或"你知道吗？×××今天太丢人啦"等话语时，你的注意力会不会迅速被吸引过去？我们会好奇这背后发生了什么，×××遇到了哪些遭遇以及这个世界又出现了哪些热点等。这是因为故事本质上是人性的体现，对未知的好奇和探索，容易引发他人的共鸣。

此外，故事也可以将抽象或复杂的概念转化为具体和易于理解的信息。例如，当我们向上级阐述工作中遇到的困难时，如果我们能够以故事的形式，将这些困难与公司业务联系起来，那么上级就更容易理解这些困难的严重性以及解决困难的必要性。

总而言之，故事如同人类注意力的"磁铁"，通过营造紧张情绪、引发好奇心、触动情感等方式，迅速将抽象概念具象化，成功吸引听众注意力。它以其独特的魅力和力量，可以吸引更多人的关注，让飘忽不定的思绪得以定位，并紧紧锁定语言的后续表达，从为影响他人的决策奠定了基础。

◆触发想象

故事的力量不仅在于吸引他人的注意力，更在于它能引导听众进入无限的想象空间。

正如前面我在描述"叙事自我"时提到的，故事包含人物、情节、环境等元素，能够让听众引发各种联想，使听众在脑海中构建身临其境的故事世界，感受故事人物的情绪，理解故事的道理。

对于听故事的人而言，自己不仅是一位聆听者，更是故事的参与者，通过故事，听众的思维和想象容易向着我们"指定"的方向延伸。

任何能够为听众带来触动的故事情节，都可以在无形中拓展听众的思维，从而在想象中塑造他们的价值观和人生观。故事是一把开启智慧之门的钥匙，通过故事，听众可以更深入地理解一些抽象信息，从何明确自己对事物的判断。

当听众参与到故事中，其思维便得到了锻炼，其认知便得到了影响，其思想便得到了启发。这就是故事影响他人做出决策的第二步。

◆产生情绪

故事勾勒出的情绪，如同黑夜的指明灯，让听众不由自主地跟随。当我们听到或阅读一个故事时，常常会被它包含的人物、情节、情感所吸引，并与故事中的人物产生共鸣，被他们的喜怒哀乐所触动。

可见，故事并不是简单的文字和语言的堆砌，它们是感情的容器，充满了情感色彩。故事中的情感会影响听众的情绪，让其陷入故事的喜怒哀乐之中，感同身受。这种强烈的情感共鸣是影响听众决策的重要因素。

当听众被故事的情绪打动时，听众的决策便开始被这些情绪所影响。正所谓我们的决策大多数是感性决策，而情绪则是最强大的驱动力，通过故事，我们可以激发这种驱动力，影响他人的决策，这便是故事影响决策的第三步。

◆做出决策

讲故事绝不是为了让听众停留在"感动"层面，而是为了引导他人行动，影响他人的决策。

当听众听到一个故事时，注意力被吸引，想象力被激发，情绪被触动后，最为关键的一步是听众因为故事做出决策。故事中的人物、情节、情绪在听众的内心会产生一种力量，推动其采取行动。

这种力量就是故事所引导的决策力。我们不仅会因为故事中的激励而坚定自己的决心，也会因为故事中的悲剧而反思自己的行为，避免潜在的风险。这些决策都源于故事的影响。

决策并非仅由冰冷的逻辑推理构成，它更多地需要情感的驱动。而故事正是连接逻辑与情感的桥梁。无论是重大的商业决策，还是日常的生活选择，当一个故事吸引他人注意力，触发他人想象，激发他人内心情感后，他的决策往往也会随之发生改变。这就是故事影响他人决策的整个过程。

在给一家合资化学品公司的培训中，一位新加入的学员分享了他个人的觉悟之旅。这家公司的首要价值观就是"安全"。刚入职时，这名学员觉得坐班车时要求所有人系好安全带过于严格。然而，公司向所有员工发送的一封邮件改变了他的看法。这封邮件详细描述了公司班车在高速公路上发生的一次交通事故。全车人员，无死亡，仅有轻伤。更令人惊讶的是车上一位怀孕5~6个月的孕妇也仅是受到了一点惊吓。

这次事故让他彻底明白了安全带的重要性。不仅如此，他还把这个教训带回了自己的家乡。在一次参加家庭聚会的途中，他要求每个人都系好安全带。让人无法预见的是一只狗突然冲入了道路，导致车子失控撞上了路边的大树。由于大家都系了安全带，这次事故并没有造成严重的后果。从那以后，他的亲友不仅对他心怀感激，更认识到安全带的重要性。

当我们认识到故事力量的强大后，我们才能将故事转化为自己生活和工作的驱动力。通过故事，我们可以进入一个全新的世界，看到更多的美好，实现更多的愿望。

我希望通过了解故事影响决策的过程，大家能够重新认识故事的存在。它不仅是一种娱乐方式，更是一种强大的决策工具。学会讲好故事可以增强我们的沟通效果，改变身边人的决策。善用故事的力量可以让我们的生活充满意义。

> 故事如同人类注意力的"磁铁"，通过营造紧张情绪、引发好奇心、触动情感等方式，迅速将抽象概念具象化，成功吸引听众注意力。
>
> ——赵金星

第三章

◇◇◇◇◇◇◇◇◇◇◇◇◇

塑造故事思维
让故事有力量

　　在这个信息爆炸的时代，我们每天被海量的信息包围，面对琐碎的信息数据，我们感到无所适从。将信息有效传递、利用，并充分发挥信息的价值似乎已经成为时代强者独有的能力。殊不知，我们与强者之间的差距仅在于思维方式，一旦我们学会塑造故事思维，同样能够化繁为简，变难为易，让信息成为我们通往成功的桥梁，将数据变为登高的阶梯。

01

信息越过载，故事越有用

　　每个人都会讲故事，而且我们每天都在讲故事。从清晨第一杯咖啡的闲聊，到晚上回家途中的偶遇，一天的生活充满了各式各样的故事。可以说我们的生活由无数个故事组成。

　　既然我们生活在故事中，为何大多数人无法运用故事的魔力呢？为何无法充分发挥故事的作用与价值呢？这是因为我们讲述故事的目的往往是为了娱乐与分享，作为日常闲谈的一部分，用于表达情绪，或者转述所见、所得。这些故事虽然可以带来欢笑，拉近与他人的距离，却无法充分发挥故事的力量。

　　我希望大家记住一句话：讲故事不仅是为了展示个人的所见和所得，更是为了启示他人。在这个信息爆炸的时代，故事是一种不可小觑的能量。它不仅是普通的娱乐分享，更是传递信息，引发思考，改变他人决策和行动的有效途径。虽然故事较为常见，但它并非拿来即用的简单工具，它需要精雕细琢，才能够在合适的时间和场合，发挥最大的作用。

　　人类对故事有天然的青睐。从孩提时代，我们就被各种寓言故事、历史故事、神话故事所吸引，在故事中寻找情感共鸣，领悟生活启示。然而，这并不意味着随便一个编造的故事就可以传递信息，改变他人的决策和行动。相反，故事需要真实、全面，经得起推敲，才能够产生持久有效的吸引力，才能够潜移默化地影响他人的思维。因此，我们不能为了讲故事而讲故事，而应该根据我们的目标善用我们的故事思维。

演讲都有明确的目标，无论是为了准确汇报工作，还是为了博得他人认同，亦或是为了引发某种反响。运用故事思维正是为了让演讲更有吸引力，让信息更容易被接受，让观点更容易被理解和接纳。我们需要注意，故事虽然能吸引众人，但绝对不要让对方刻意去听，一旦我们暴露了讲故事的意图，可能会激起听众的防备心理，产生对故事的抵触情绪，进而使我们的故事失去了原本的力量。

我时常会讲到这样一句话：有效的故事一定要经得起时间的推敲；有效的故事一定要经得起听众的揣摩。如果故事存在明显的错误或者不合理之处，听众会对故事的内容产生怀疑，进而对故事蕴藏的观点产生怀疑。而且很多人在产生怀疑后不表达，只是彻底失去听故事的兴趣，导致讲故事的人和听众进入一种浪费彼此时间的状态，故事自然无法起到预期的效果。

讲故事并不是一件简单的事，它需要我们了解听众，理解他们的需求和期望，同时也需要我们在故事的创作和讲述上付出时间和精力。只要我们能够做到这一点，故事就会成为我们最有力的武器，帮助我们更好地传递信息，影响他人，甚至改变世界。

Twitter的联合创始人杰克·多西（Jack Dorsey）就是一位极其重视故事在沟通中价值的企业家。在某次演讲中，他用一个真实且富有吸引力的故事，赢得了听众的共鸣和信任。

这次演讲主要为了解释Twitter的创新理念，在演讲的过程中，杰克·多西没有使用任何数据和技术术语，而是讲述了一个关于自己的故事。杰克·多西在开场讲述了自己在密苏里州圣路易斯市的童年时光。他说自己生活在一个由大家庭构成的小社区中，由于这个社区较小，所以社区的信息传播较快，各家各户生活中的琐事和细节为社区居民带来了无尽快乐。这种生活方式和信息共享模式深深地影响了杰克·多西对社交和连接的理解。

随后，他以此为灵感，描绘了一个可以将任何人生活中的精彩瞬间展现给世界的创意。这个创意就是Twitter的核心理念。杰克·多西引领听众在脑海中构建了一幅无比精彩的互联网未来画卷，这让听众沉浸其中，激动不已。

杰克·多西讲述的故事结合自己的亲身经历，十分贴近大众生活，其中充满了生活细节。他通过这个故事把Twitter与听众连接起来，使得他在极短的时间内一鸣惊人，Twitter也随之受到无数用户的青睐。

杰克·多西的成功并非偶然，在很大程度上源于他对故事的理解和运用。他不是为了讲故事而讲故事，而是通过讲述自己的经历和思考，把自己的理念和目标传递给听众。他让听众看到了他的热情、决心和承诺，以及他为所有人带来的改变，从而赢得了听众的信任和支持。

杰克·多西设计的这个故事堪称完美，它在承载Twitter创新理念的同时，还用多个触发听众联想的情节，引导了听众思维，进而有效传递了信息，改变了听众的决策。

我分享杰克·多西的成功经历，不是为了赞许他对故事力量的巧妙应用，而是希望大家明白，讲故事虽然是一个常见的沟通手段，但要讲好故事并非易事。我们需要付出时间和努力，将故事塑造得真实、全面，才能引发听众共鸣。如此，我们才能通过激发故事的吸引力，更有效地影响他人的思维，改变他人的决策。

◆注意力缺失时，故事有黏性

要塑造故事思维需要把握故事的使用时机，在不同的情境下，通过故事的运用能够及时、有效地发挥其作用及价值。当听众的注意力开始分散时，我们可以通过故事的使用迅速获得听众的关注，将分散的注意力重新拉回来，从而使我们的观点能够深入人心。

假设我们正在进行一场关于贫困问题的讲演，当我们展示令人震惊的数据或者阐述报告和研究的结果时，如果发现听众的注意力开始分散，那么我们可以暂时放下冰冷的数据和事实描述，转而讲述来自贫困地区孩子们的故事。我们可以描述他们的生活环境，讲述他们在艰苦条件下的奋斗精神，传递他们的希望和梦想，以触动更多人的情感。这样的故事生动而真实，情感饱满而丰富。当我们用充满热情与关怀的语言讲述这个故事时，故事的力量能够全面展现。这时，他们的注意力重新聚焦在我们身上，他们的情绪开始波动，他们的思维跟随我们的叙述产生联想。

这就是使用故事最直接、最有效的场景。这也是故事思维的初步体现。善用故事思维可以在听众注意力分散时，迅速重新获得他们的关注，使观点深入人心。我们可以用故事去改变听众对贫困问题的认知，呼吁听众采取行动，进而改变那些贫困孩子的境遇与人生。

在当代善用故事思维的成功者中，我十分佩服一位年轻的女性——马拉拉·优素福·扎伊（Malala Yousafai）。1997年在巴基斯坦出生的马拉拉是一位女权活动家，童年的她生活在塔利班统治下的斯瓦特河谷。在那里，女性的权利被严重侵犯，包括受教育的权利。然而，马拉拉的父亲，一位坚定的教育权利倡导者，鼓励女儿勇敢地站出来，反抗这种对女性教育的压制。

从11岁开始，马拉拉就在BBC乌尔都语网站撰写文章，谴责塔利班的暴行，坚定捍卫女性受教育的权利。她以"古尔·马卡伊"（Gul Makai）为笔名，记录生活在塔利班统治下的恐怖与压抑，以及自己对教育的渴望。马拉拉的文章勇敢而感人，引起了国际社会的广泛关注。

然而，马拉拉的勇敢行动却引来了塔利班的威胁与攻击。2012年，年仅15岁的马拉拉在校车上遭到塔利班的枪击，头部与颈部受到重创，生命垂危。经过长达三个月的艰难治疗，她成功地从死神手中逃脱。这次经历并未让马拉拉屈服，反而更加坚定了她为女性教育权利而斗争的决心。

马拉拉把自己的亲身经历、所见所闻编成一系列动人的故事，传递至世界的各个角落，她的坚韧与勇气激励了数百万人。2014年，马拉拉因对女性教育权利的斗争成为诺贝尔和平奖最年轻的得主，这一年她还未满18周岁。

让人真正佩服的不仅是马拉拉的勇敢和经历，更是她对故事思维的巧妙运用。她让我认识到，善用故事的力量不仅能够拯救一个民族，甚至可以改变世界的认知，引发全球性的行动，推动社会的进步。我认真聆听了马拉拉的每一场演讲，她对女权的捍卫没有任何口号，也没有太多呼吁，更多的是对自己生活经历的描述。她所描述的困难、恐惧以及希望，每一个故事都是最有力的表达，让听众深受震撼。作为故事研究领域的资深人士，我也被马拉拉的故事所吸引，不由自主地关注女性教育问题，并乐于为支持女性教育问题付诸行动。

我希望大家能够从这位年轻女性的故事思维中获得启发，在信息过载的时代，大众对语言的要求不断提高，而故事恰恰是吸引听众注意力，并让听众产生长久黏性的重要工具。善用故事可以让我们打动人心，甚至改变世界。

◆跨越事实，改变他人认知

我发现，很多人在传递信息或者尝试说服他人时，最常用的方式是平铺直叙的表达和苦口婆心的说教。我不否认这两种方式下的良苦用心，但希望大家明白语言沟通的最好方式是站在对方的角度思考其需求，然后有针对性地表达，如此才能在最短时间内有效地改变对方的认知。

在这种情况下，故事的威力再次得到重视。故事能够超越单纯的事实，引发情绪共鸣，让听众的思维跟随我们的语言发生转变。换句话说，故事是我们改变他人认知的桥梁，它可以使我们的观点深入人心，改变他人的看法和行动。

高琳女士在《故事力》一书中提到了这样一个案例。吸烟有害健康是大众共知的事实，同时，"吸烟有害健康"被写在了每一个烟盒上并配有恐怖的骷髅标志来警示大家，但真正因此戒烟的人寥寥无几。

有一位拥有10多年烟龄的老烟民，在朋友劝其戒烟时，他还反驳说，他的爷爷也是烟民，一辈子抽烟喝酒却活到了93岁，所以即便他知道吸烟有害健康，但他从来不在乎。直到他参加一次聚会，聚会上他听到了一个令人震撼的故事。朋友家的孩子哮喘病发作，孩子的母亲分享了她的经历。她的前夫是一位资深烟民，在家吸烟且屡劝不改，结果孩子出生后直接进了ICU，后来还得了哮喘。两人也因此离婚，她独自抚养患有哮喘的孩子，生活十分艰辛。

此时，这位老烟民也将成为父亲，听到这个故事后，他立即决定戒烟，并且在孩子出生时兑现了自己的承诺。

这个故事足以说明，尽管事实能够增强语言力度，让听众难以反驳。但单纯用事实说话并不一定能够取得最佳的沟通效果。故事则不同，故事的力量不在于其所描述的事实，而在于其能够引发的共鸣，因为它超越了纯粹的信息传递，是感知、情感和行动的融合。正如上述案例所示，"吸烟有害健康"的事实并没有触动这位老烟民，但他通过朋友的故事却瞬间联想到了孩子的健康问题、家庭的和谐问题，进而改变了自己固有的认知与决策。这充分证明了故事的影响力。

◆在听众头脑里营造时间和空间

听到故事并不能对听众带来太大影响，但让听众体验故事却能够强化语言沟通的效果。利用故事思维突破信息障碍正是这样一个过程，我们需要让听众在脑海中重塑我们的故事，感受故事中的时间和空间，体验故事中的情感和冲突。当我们引导听众在头脑中营造故事的时间和空间时，故事才能真正地触动和改变对方。

例如，2017年，洛可可（LKK）创新设计集团董事长贾伟受邀参加《奇葩大会》，他进行了一场"人人都是设计师"的演讲。在演讲中他向嘉宾讲述了自己在18岁、28岁、38岁时的三个故事。这三个故事不仅让嘉宾动容落泪，也赢得了他们的认可和敬佩。

贾伟的第三个故事是关于他在38岁时如何设计一款产品的经历。当时，贾伟的小女儿还不到2岁，一次，女儿口渴想喝水，爷爷为她倒了一杯刚烧开的热水。爷爷担心热水烫伤孩子，特意把水杯放在桌子中间，等水凉一些后再给孩子喝。然而，孩子因心急用力一跳，抓住了水杯上的挂绳，导致热水直接泼洒在孩子的脸上和胸口。看到孩子撕心裂肺地哭喊和她受伤的皮肤，贾伟和父亲心如刀绞，却无计可施。

这段经历让贾伟倍受折磨。直到2年后，洛可可创新设计集团成立十周年之际，贾伟将这个故事分享给了公司的设计师们，他们决定共同设计一款能够防止这类悲剧发生的产品。

最后，他们成功设计出了一款杯子，这款杯子倒入100℃的水后，可以快速降温至55℃。

在这个故事中，我的感官被全方位带动，注意力时刻与故事情节同步，情绪跟随贾伟的讲述不断变化。这一系列触动既有我对贾伟"设计灵感来源生活，人人都是设计师"观点的认同，更有我对他个人的敬佩。他从个人经历出发，通过设计改变了人们的生活，防止了可能的悲剧。这不仅需要敏锐的观察力和创新思维，更需要对生活的热爱和对人们的关心。

正如我前面强调的，故事是一种工具，它不仅可以传达事实，更是观点的情感包裹。当听众在头脑中营造出故事的时间和空间时，故事传达的信息将更容易被理解和接受，表达的观点将深深地刻在听众的心中。

因此，在讲故事时，我们要做的不仅是陈述事实，更要引领听众进入我们的故事中，让他们在头脑中构建故事的时间和空间，想象我们所描述的场景，感受我们的情绪，理解我们的观点。只有这样，他们才能真正理解我们想要表达的意义，才能被我们的故事深深触动。

> 讲故事不仅是为了展示个人的所见和所得，更是为了启示他人。
>
> ——赵金星

02

注意这些，故事更有效

生活中，我们被各种各样的故事环绕。它可以是一段历史、一次旅行、一部电影、一本书，甚至是朋友聚会上的一次分享。故事无处不在，我们可以在阅读、观看、倾听和讲述故事的过程中，寻找共鸣，理解世界。

然而，我们所接触的故事，有的令人痴迷，有的却让人无动于衷。这是为什么呢？答案很简单，并非所有的故事都是有效的。尽管故事的形式和内容千差万别，但触动人心、让人印象深刻的故事，都有一些共同的特征。

我所说的"有效故事"，并不是指那些具有华丽修辞、精心设计、让人感觉非常"高级"的故事。相反，最有效的故事往往隐藏在我们日常生活的点滴之中。这些故事的魅力，源于它们的真实、亲近和生动。

首先，一个有效的故事要符合就近原则。它要贴近听众的生活，触及听众的情感。这样的故事，才能让听众产生共鸣。一个让听众无法感同身受的故事，再精彩、再华丽也难以产生影响。

另外，我们需要明确有效故事的定义。从故事的定义中提炼故事的要点，强化自己的故事思维。这样我们才能够让听众跟上故事的进程，理解故事的内涵。这样的故事，才能引导听众思考，启迪听众智慧。

其次，一个有效的故事应该有明确的边界。作为故事讲述者，我们必须明确哪些故事能够产生效果，以及如何调整和完善故事。

最后，一个有效的故事要有明确的原则与底线。例如，冗长的故事往往缺乏吸引力，而过于简短的故事则无法完整地传达信息。一个有效的故事需要在最佳时间节点上吸引听众关注，让他们投入故事的世界中。

讲述有效的故事需要缜密思考与准备。首先，我们要明确听众对象，探究他们的兴趣和期望，甚至是听众的规模和态度。其次，思考我们将在何地、何时分享故事，是否为正式场合，需要什么设备等。最后，故事的内容要贴近听众的现实生活，创造个人意义。例如，如果担心听众抗拒你的话题，可以在开场用故事吸引听众的注意力；如果担心听众不采取行动，可以在结尾用故事进行推动。这些都可以让故事更有针对性和吸引力。

明白了这些，我们才能够理解和掌握讲故事的技巧，更有效地运用故事来影响和改变我们的世界。毕竟，生活就是一个个连接在一起的故事，我们每个人都是自己故事的主角，也是他人故事的听众。在这个充满故事的世界中，学会讲好故事，就等于掌握了改变世界的力量。

◆就近原则

不久前，在一次"故事演讲力"的培训中，有学员提出了一个问题："赵老师，我每天都在给人讲故事，但我从来没感受到故事的强大之处，这是为什么呢？"我随后反问："您平时都讲哪些故事呢？"学员回答："激励团队时我会讲名人传记的故事，教育孩子时我会讲童话寓言故事，但我感觉效果微乎其微，他们听得心不在焉"。我笑着回答："这就涉及我们后面课程中的一个关键知识点——就近原则。我们可以换位思考，如果他人向你讲述这样的故事，你会感兴趣吗？"学员摇了摇头说："不会，因为我对这些故事已经十分熟悉了。"我解释道："这就是关键所在，对于听众来说，如果故事是众所周知的事件或事实，那么这样的故事更像大道理，我不止一次强调，大道理很难说服他人，它缺乏故事那种润物细无声的力量。"

我们身边不乏各种名人轶事和英雄事迹，但正是因为这些故事过于知名，听众才会觉得刻意。当然，这并不意味着我们不能讲述名人轶事，关键在于名人轶事的选择。在讲述名人故事时，最好不要选择大众熟知的故事。新颖和鲜为人知的故事更容易引起听众的好奇心，使他们愿意深入聆听。

从讲故事的角度分析，名人轶事存在一个固有的缺陷。当我们提及历史上的知名人士，如诸葛亮、孔子等，听众很容易快速建立起心理防线，因为这些名字经常与"大道理"联系在一起。同样，尽管寓言和童话素材丰富、情节精彩，但它们大多数是虚构的。这种"编造"的故事，听众很难真正接受其背后蕴藏的道理。

所以，我们需要使用"就近原则"来讲故事。

所谓故事的"就近原则"，就是把"知识"或"信息"放在一个更"生活化"的框架中。越接近我们的"日常状态"，故事越有效。

这里的"生活化"框架是什么呢？正是我们日常生活或工作中的种种体验、情绪和感受。这是我们最熟悉、最容易产生共鸣的元素。而"知识"和"信息"则是我们想要通过故事传递的内容。将知识或信息嵌入听众最熟悉、最敏感的体验、情绪和感受中，他们才会自然地进入故事，体验故事。

在不久前的一场"故事演讲力"培训中，我有幸接触到一个专注于自闭症孩子的组织——同达人本。这一组织有三位创始人，他们都是自闭症孩子的父母。

妮可是其中一位创始人，她分享了一个人令我印象深刻的故事。妮可说："你知道吗，像刷牙这样简单的日常活动，对于我们的孩子来说，可能需要练习上千次才能掌握。你想象一下，如果刷牙需要这么多次的练习，那么更复杂的事情又该如何呢？"

妮可的分享让我瞬间联想到自己孩子刷牙的画面，我才真正了解到自闭症的孩子是多么需要关注与帮助。这也让我开始关注这个特殊群体，并发现了身边的一位自闭症男孩。他是上海音乐学院的一名学生，虽然在音乐方面展现出了惊人的天赋，但他在社交和日常生活技能方面却面临着诸多挑战。对此，我提供了力所能及的帮助，希望自己的付出能够为他的人生带来一些改变。

　　我发现这个故事就遵循了就近原则。它把自闭症青少年的困境用贴近我们生活的方式进行了呈现，以此来触动我们的内心，它的宣传效果远比那些惊人的数字更有效，因为它为我们带来了决策与行为的变化。

　　我们生活在真实世界中，对于那些能在生活中找到自己影子的故事，更有亲近感，更能从中找到共鸣。这就是为什么故事的就近原则如此重要，它能够帮助我们触动听众，让我们的故事更加有效。当我们讲故事时，应当注重寻找那些能与听众产生共鸣的日常生活元素，这样的故事才能更有效地吸引听众，让听众投入故事的情境中。

　　另外，在我们的工作中，尤其在组织内讲故事，更要遵循就近原则。如果我们的故事素材来自员工、客户或合作伙伴的亲身经历，那么这些故事更容易引起领导、同事或者客户的共鸣。这种效果在传播企业文化时尤其显著，例如，讲述员工践行企业文化的故事，更容易让其他员工产生共鸣，意识到企业文化的真正价值。

　　故事越接近"日常状态"，则越有效。这是因为我们的大脑对熟悉的事物有着偏好。就近原则有三种相似，分别是经历相似、情感相似以及价值观相似。当故事与听众之间产生这种相似联系时，故事的效果便随之提高。在就近原则的引导下，听众能够引发共鸣，进而被故事改变决策与认知。

　　我们在听故事时，容易从日常的故事中看到自己的影子，感受到与自己生活相似的情境，从而容易被这个故事吸引，进入故事的情境中。听众的认同感大多源自他们对故事中的情境、人物、情绪的共鸣，这也是故事有效的关键。当我们讲述的故事充满了熟悉的元素，听众就更容易把自己代入其中，从而理解我们想要传达的信息。

　　当然，就近原则并不仅仅是让故事听起来更"真实"，更重要的是它可以帮助我们将故事与听众产生深度联系。在讲故事时，我们可以尽量尝试把故事置于一个大家都熟悉的环境中，让它尽可能贴近听众的生活，让听众从故事中找到自己，这也是故事有效的重要基础。

◆有效角度的故事定义

讲故事不仅是一门艺术，更是一门科学，它能够通过学习和实践来不断提升。只要我们掌握了正确的方法，每个人都可以讲述引人入胜、富有影响力的故事。

通过多年的研究，我对"故事"进行了如下定义：故事是提供一个具有"代入感"的场景，聚焦在"那一刻"发生的事情。同时，包含能引发共鸣的"感觉"的语言，为听众提供"想象"的空间，让听众快速而轻松"内化"信息，理解我们所传达的"意义"。

下面我与大家分享一个我非常喜欢的故事，帮助大家进一步理解故事的定义。

这个故事是关于罗永浩的成长经历的。罗永浩在高二那年主动退学了，开始了闲散的社会生活，那几年，他的人生目标迷茫，尝试过各种职业，如筛沙子、摆摊卖旧书、倒卖走私车，甚至还在某个传销组织担任了半年的主持人。这些复杂的经历并没有让他感觉自己的人生充实丰富，反而使他更加迷茫。

直到有一天，一位小朋友提起了"新东方老师"，他瞬间被一股梦想的力量吸引，他开始详细查阅新东方的资料，并发现，这份工作像为他量身定做的，让他心动不已。

理想虽然很丰满，但现实十分"骨感"。想要成为一名新东方老师，英语能力突出是最基本的要求。高二辍学的他英语基础特别薄弱，为了能够实现这一理想，他选择参加GRE考试，开启了自学英语的艰难之路。

学习是一件艰苦的事情，即便有明确的目标，也难逃"三分钟热度"的困境。松懈、懒惰的情绪急速增长。一想到要反复背诵单词，他就感到十分痛苦。但罗永浩没有放弃，他找到了自己的方法。他购买了大量成功学书籍，将它们当作精神寄托，在他坚持不下去的时候就翻一翻，这样就会多坚持几天。第一次他坚持了4天，后面每隔3天就会产生放弃的冲动。有一次，朋友打电话叫他出去吃饭、唱歌、捏脚，每一个项目都极具诱感。当他收拾好准备出门时，又翻看了那些书，看到了书里有这样一句话：不怕苦，吃苦半辈子；怕吃苦，吃苦一辈子。

这句话瞬间触动了他。看着自己准备放弃的样子，他羞愧不已。最后他洗了一个冷水澡，并抽了自己十几个耳光，冷静下来后继续学习英语。后面他还出现过很多次类似的情况，但每次他都会翻一翻那些书。正是靠着这些书和自己的坚持，才让他有了脱胎换骨的变化。

一年后，他感觉自己准备好了，于是给俞敏洪写了一封近七千字的应聘信。他在信里明确表示，他不是来应聘英语老师的，而是来做"优秀教师"的。就这样，他实现了自己的人生理想。

下面，我们就以这个小故事来详细分析故事的定义。

我相信，这个故事对很多人而言具有强烈的"代入感"。毕竟我们都曾在年轻时有过迷茫和困惑，甚至走过弯路，而罗永浩的故事能够使我们回忆起自己的过往，从而感同身受地理解他当时的处境。

其中，罗永浩准备出门的"那一刻"，就是故事中感触最深的关键点。"那一刻"的描述包含了大量"感觉"的语言，那种放弃的冲动、悔恨的情绪以及背叛自己的恨意，让我们产生了深深的共鸣，同时在脑海中构建出形象生动的空间场景。

通过罗永浩的故事，我们能够清楚认识到成功并不是所谓的天时地利人和，更多的是吃得苦中苦和不放弃的坚持。

其实，故事的定义并不复杂。只要我们把握住代入感、"那一刻"、"感觉"、空间、内化和意义这些关键要素，就能够创建并分享有效的故事。这不仅是我们提升故事思维的方式，更是我们发挥故事力量的重要途径。

◆故事有边界

了解了故事的定义后，我们还需要了解另外一个重要观点：故事的边界。故事的边界不是指故事的范围，而是指在哪些领域内故事才有效果。

讲故事是每个人都具备的基本能力，但要真正讲有效的故事却不是一件容易的事。这里涉及一个重要的原则：故事可以编辑和润色，但不建议编造。一旦故事超出合理编辑的范围，加入了编造的成分，故事的效果会大打折扣。

故事不能超越编辑的边界主要有以下三个原因。

第一，我们绝大多数人不是专业编剧，因此编造的故事往往经不起推敲，在逻辑上可能存在许多漏洞。一个内在逻辑不合理的故事，又怎能说服、改变听众呢？

第二，不要低估听众的辨别力。现代人拥有丰富的阅历，即便我们把故事编造的成分隐藏在真实的内容中，听众依然可以明辨两者的区别。一旦听众发现故事中存在编造成分，便会对讲述者及其观点产生怀疑，甚至失去信任。

第三，编造的故事不符合大多数人的价值观。虽然编造的故事可以天马行空、丰富精彩，但在职场和日常生活中更注重真实、诚信。如果我们的故事过于虚假，那么就违背了讲故事的初衷，这一行为也将变得毫无意义。

对故事进行编辑则不同，它是我们讲故事时必须具备的一种能力。安妮特·西蒙斯（Annette Simmons）在《故事思维》中提到：哪怕是昨天发生的事情，在讲述时也无法做到100％的还原。因为在叙述的过程中，我们会根据自己的记忆和理解，对事情进行一定程度的演绎和解释。

编辑和编造的主要区别在于，编辑的事情本身是真实的。例如，我们在讲述一个故事时，为了追求故事的连贯性和情节的紧凑性，我们会对某些细节进行修改，或者对事件的顺序进行调整。只要这些行为没有违背事实，都属于合理编辑的范围。

如果我们对小时候发生的一些事无法还原当时的细节，脑海里仅留存着故事的梗概，那么我们讲述时进行适当加工和润色，同样属于编辑，而不是编造。因为我们的目的是让故事更生动、更引人入胜，而不是弄虚作假，改变故事的原意。

下面，让我们进行一个简单的测试。我会提出一个简单的故事场景，然后我们来判断这种场景属于故事的编辑还是编造。

假设A给我们讲述了一个发生在他自己身上的真实故事，我们听到这个故事后，以第一人称把这个故事讲述给B听，即我们把A的故事变成了我们自己的故事，这种行为属于故事的编造还是编辑呢？

相信有些朋友会认为这属于故事编辑，因为我们没有改变故事的原意，只是更换了故事的主角身份。可事实上，这属于编造。因为这种行为存在弄虚作假的成分。试问，当听众追问故事的细节时我们该如何回答呢？A没有向我们描述这些细节，为了回答听众的问题我们大多会选择继续编造故事中可能不存在的细节，这违背了故事的原意，同时很容易让听众意识到我们在编造故事。

有的编造是基于其他的故事素材灵感，再加上讲述者自己的杜撰，创造出一个原本不存在的故事。而有的编造是在事实的基础上进行捏造或者虚构，它违背了诚实和真实的价值观。人们通常能感知到故事的真实性，并对那些明显编造的故事持警觉和怀疑的态度。编造的故事可能会在短时间内吸引听众的注意力，但从长远来看，它们会损害讲述者的信誉，降低自身的影响力。一旦被揭露，编造的故事可能会产生严重的后果，会破坏个人和组织的形象，甚至可能触及法律底线。

编辑故事是在尊重事实的基础上，对故事的结构和表现方式进行调整，使其更具吸引力，更能够影响听众。这种编辑包括去除不必要的细节，强调关键元素，以及使用更有效的叙述技巧，如富有感情的语言和生动的形象等。在编辑故事时，可以适当增加一些色彩和细节，甚至从一个不同的角度来讲述事件，但不能改变事实本身。

我希望大家明白，有效故事的边界就是把故事控制在编辑范围内，编辑是对真实的精雕细琢，是将生活的经验转化为有意义且有影响力的故事。我们的目标是增加故事的吸引力，同时保持其真实性。在编辑故事的过程中，不能违背事实。

◆故事的"3分钟警戒线"

在生活中，3分钟可以煮一杯咖啡，听一首短歌，或者读一篇新闻。对于一个故事来说，这3分钟决定着故事讲述的最终效果。这就是故事的"3分钟警戒线"。

在这个生活节奏很快的年代，我们的注意力被繁杂的生活元素分散。在自媒体平台的短视频领域中，有一个"3秒"原则，即短视频如果不能在3秒钟内吸引观众，则会失去观众。同样，在我们故事的领域，也遵循一个"3分钟警戒线"原则，即如果我们的故事不能在3分钟内吸引听众，获得听众的关注和信任，那么听众也会失去听故事的兴趣。

试想，谁会听一个冗长无趣的故事呢？即使故事存在精彩的情节，但如果3分钟内无法触动听众，那么再精彩的内容也会因冗长的细节而失去光彩。

相反，如果我们能够在3分钟内，通过跌宕起伏的故事情节吸引听众的注意力，我们则有可能赢得对方的持续关注。所以，在故事的设计和编辑过程中，我们一定要以"3分钟警戒线"为原则。

此外，"3分钟警戒线"也是我们根据真实场景构建故事的一条原则。比如在辅导下属、绩效面谈或客户拜访等工作场景中，我们需要在有限的时间内，有效表达更多信息，所以必须把故事设置在3分钟之内。让对方在最短的时间内找到故事的核心元素，并引发共鸣，改变决策，如此故事才能发挥最大的价值。

根据"3分钟警戒线"原则，我们设计故事，需要挑选最有影响力的细节，构建最紧凑的剧情，让听众在短短的3分钟内就被故事深深吸引。编辑故事是对故事的精心剪辑，确保故事在3分钟内制造出吸引人的悬念或展现引人入胜的精彩情节。

设计和编辑的过程虽然充满了挑战，但也具有极高的价值。通过精心设计和编辑故事，我们可以在3分钟内讲述一个深度和广度都十足的故事，进而获得最佳的沟通和演讲效果。

我希望大家能够将故事的"3分钟警戒线"作为我们必备的故事思维。它既是一个挑战，也是一个机遇。只要我们能在3分钟内紧紧抓住听众的心，那么我们就可以向他们展示一个全新的世界，充分展现有效故事的价值。

案例：世界是我的了

2022年，我的朋友参加了"讲好中国故事"创意传播大赛活动。活动后，他给我讲述了一个故事，这个故事让我触动颇深。

他讲述了中国医疗工作者为无数有需要的人带来光明的故事。故事从一张照片开始，照片上是一位头发卷翘而浓密、脸颊上有两坨标志性"高原红"的小女孩。她患有先天性白内障，从小就没看清过这个世界的色彩，她的家乡还有很多人像她一样，饱受眼疾的折磨。

这支名叫"川藏青健康光明行"的志愿服务队，隶属温州医科大学附属眼视光医院。从2012年开始，这支志愿队每年都会到川藏青地区义诊。初次义诊是在2012年8月，这支医疗队受青海玛多县和久治县邀请，为当地200多名藏民进行视力筛查。虽然只有20名队员，但他们克服高原反应，完成了67台手术。这次经历，让他们了解了当地人们对专业医疗援助的迫切需求。于是，这支医疗队伍定下了第二年完成1000台手术的目标。

第二年，这支队伍规模扩大到了近200人。尽管有了前一次的义诊经验，但他们遇到的困难远超预期。车子开到半路油箱干了，他们只能下车步行寻找油源；遇上狭窄的道路无法通行，他们只能先把路边的院墙拆了，等车通过后，再把墙重新砌起来。虽然他们遇到过塌方、泥石流等各种危险，但他们没有放弃。在连续奋战58天后，他们完成了1万多人的视力筛查和1025台白内障复明手术。

在这次义诊中，他们遇到了那位小女孩。由于当地条件不允许，他们把小女孩带回了上海接受治疗。小女孩的手术非常成功，当她揭开纱布，准确无误地拿起一瓣橘子放进嘴里时，在场的医护人员都高兴地跳了起来。

2022年，这支队伍带着捐献的眼角膜来到海拔4500米的西藏那曲，成功完成了当地历史上首例眼角膜移植手术。术后，患者睁开眼说："我感觉世界是我的了。"后来，这支队伍的故事被拍成了短片"世界就是我的了"，短片在中国创意传播大赛中荣获一等奖。

这个故事让我感慨颇多，我认为这是一个非常有效的故事，它不仅包含了故事定义中的所有关键要素，而且让听众从中获得了深刻的感悟。这个故事也证明了，一个有效的故事并不需要华丽的辞藻和复杂的情节，只要能够抓住"有效"的关键，就可以用简短的语言在几分钟内给听众带来显著而持久的改变。

> 一个听众无法感同身受的故事，再精彩、再华丽也难以产生影响。
>
> ——赵金星

03

如何塑造故事思维

故事思维是通过故事方式来认知世界，解释事件，传递观点的思考模式。不同人的故事思维存在较大差异，有些人擅长讲故事，能轻而易举地将听众带入自己的故事中；有些人却无法发挥故事的优势，再感人的故事也会被其讲得生硬、刻板。这便是故事思维差异导致的结果。

这里涉及一个关键的思维差异，有些人认为故事就是案例，故事思维就是在沟通过程中适当举例。可事实并非如此，举例更像是简单直白的叙事，而故事是更具情感素材、喜剧素材的叙述。

马克·克雷默（Mark Kramer）、温迪·考尔（Werdy Call）在他们合著的《哈佛非虚构写作课：怎么讲好一个故事》一书中，把叙事和故事定义为概括性叙事和戏剧性叙述，并将两者的差别进行了对比分析，如表3-1所示。

表3-1 概括性叙事和戏剧性叙述的区别

概括性叙事	戏剧性叙述
重视抽象	重视具体的细节
压缩时间	经历事件，就像事情是实时发生的一样
使用直接引语	使用对话

概括性叙事	戏剧性叙述
按话题组织材料	按场景组织材料
全知、全能视角	特定视角
作者在场景之上	清晰的叙述距离，作者在场景之中
处理结果而不是过程	处理过程，给出详细的描述
在抽象阶梯的较高台阶	在抽象阶梯的较低台阶
由漫笔、背景和说明组成	由故事的行动主题构成

那么，故事思维是天赋，还是后天习得的呢？其实，故事思维在某种程度上可以说是与生俱来的。我们生来就有讲述和理解故事的能力，从儿童时期听母亲讲睡前故事，到长大后在职场中分享自己的经历，我们一直在用故事理解世界，表达自己。然而，要形成强大的故事思维，更多依赖后天的培养，它既需要我们有意识地去挖掘、整合、构建和传递故事，也需要我们不断练习和提炼。

另外，故事思维的重要性远超我们的想象，它可以使复杂的观点或数据变得生动和容易理解。例如，我们在工作中经常需要解释复杂的观点或者数据，如果我们只用纯理论或者数据去解释，听者可能会觉得难以理解，甚至会失去兴趣。但如果我们能将这些观点和数据包装成一系列小故事，听者不仅可以轻松理解我们的观点，而且还会对我们的故事产生兴趣，更愿意倾听我们的讲解。

我们需要有意识地培养自己的故事思维，才能更好地理解世界，更有效地传递我们的观点。接下来，我从五个维度来探讨如何强化我们的故事思维。

◆能用故事说清楚，绝对不用道理

故事作为我们惯用的一种基本语言方式，长久以来，没能充分发挥其作用。这主要是因为大多数人把故事当作娱乐元素。实际上，通过故事传达的信息远比其他方式更有效，所以如果我们能够养成"能用故事说清楚，绝对不用道理"的思维习惯，则可以更加有效地使用故事这一工具。

例如，小学数学课本中用一个个故事把枯燥的概念转变为贴近生活的应用题，进而强化我们对数学公式的应用。可见，人们更容易接受并记住故事，而不是抽象的道理和原则。

我们在生活和工作中会遇到各种困难和挫折。这时"坚持"就成了我们追求美好生活的重要品质。但真正与人分享坚持的道理与价值时，大多数人会表现得心不在焉。这是因为单纯的道理并不能触动内心，所以我习惯用真实的故事来讲述何谓"坚持"。

在河南洛阳的一个小广场上，每天都有很多人在这里摆地摊赚生活费，在众多摆摊的人中，有一位四肢不协调，表情稍微扭曲的年轻小伙子显得格外瞩目。

这位小伙子名叫曹海涛，是脑瘫患者。他的生活自小就与众不同。奇怪的形象让他成了孩子们嘲笑和回避的对象。二年级时，由于病情的恶化，曹海涛被迫辍学在家，但他没有放弃学业，而是开始了自学之路，并深深爱上了读书。

长大后，曹海涛面临着严峻的生存压力，因为学历限制和身体方面的不足，他无法找到工作。曹海涛并没有自暴自弃，他选择了摆地摊作为自己谋生的方式。就这样，他成为这个小广场上的一道风景线。

当其他摆摊的人抱怨生活辛苦、工作枯燥时，曹海涛却倍感欣慰，因为他终于能靠双手养活自己了。摆摊之余，他还会拿出书籍，沉浸其中。尽管摆摊工作十分辛苦，但他却乐在其中。

人生充满了不可预知的变数，事业刚刚稳定的曹海涛，意外经历了一次网暴。有些人质疑他在作秀，甚至有人到他的摊位前指指点点。

对于这些质疑，曹海涛选择了沉默。他用自己的方式告诉了所有人，生活中的每个选择，都不是为了向别人证明什么，而是为了使自己的生活更有价值。

直到今天，曹海涛依然坚守在这个小广场上，用他的双手努力掌控着自己的未来。他的人生信条很简单：不论面对多大的困境，只要有心，总会找到属于自己的出路。

每当分享完这个故事，我都会向听众明确一个道理：生命的价值不在于遭遇了什么，而在于选择如何面对。当生活对我们不公时，最好的反击就是继续前进，坚持自己的信仰和追求。

通过这个小故事，我希望引导更多人理解什么是"坚持"，以及我们为何要坚持。相比大道理的灌输，我认为讲故事的方式更有效果。这就是故事思维的力量，它可以帮助我们更好地捕捉和表达重要的信息和价值观。

分享这个故事是想说明，无论在生活中还是职场上，能用故事说清楚的事，尽量不要用道理来解释。人们能够接受道理，但不会轻易践行道理，而故事则不同，故事能够改变他人的认知，进而促使他们采取行动。

当然，这并不是说我们应该忽视道理和逻辑的重要性。我们应该学会的是将道理和逻辑融入故事中，使我们的故事更有说服力。

我们从故事思维的角度来分析，需要注意以下几点。

首先，我们需要明确自己要传达的信息或道理。同时，我们要清楚地知道这些道理需要通过哪些故事达到预期的效果，以及希望改变听众的什么观念或行为。只有明确了这一点，我们才能有效地构建贴近听众的故事。

其次，我们需要寻找或编辑一个能够反映这个道理的故事。这个故事应该包含情节、角色、事件或冲突，让观众能够直观地感受到我们想要传达的道理。最重要的是这个故事能引发听众共鸣，加深听众认知。

最后，我们需要在合适的时机，用恰当的方式，分享这个故事。我们绝不能让听众意识到我们是在刻意讲故事，而应该让他们在听故事的过程中自然地领悟其中蕴含的道理，从而自发地改变自己的想法和行为。

◆ 整合信息，将数据转化为意义

塑造故事思维要整合信息，找到冰冷数据、事实背后的信息传播意义，并以故事的形式表达。借助故事深入人心的特性，看似乏味的数据，也会焕发活力，并被人牢牢记忆。

虽然数字、图表等数据是沟通中非常客观和有力度的信息，但单纯依靠这些数据的罗列，很难展现数字背后蕴藏的意义。而故事与数字的结合能够显著提升沟通效果，让数字、图表等数据深入、快速、持久地触动他人，发挥其最大价值。

例如，2008年5月12日，四川省汶川县发生了里氏8.0级特大地震，造成数万人遇难和失踪。但这庞大的数字对于远离灾区的人来说，可能只代表着这次灾情的严重程度。然而，当这些数据与真实的故事相结合时，它们可以触动人心，影响他人的决策。

2023年5月初，一个细雨蒙蒙的日子，汶川县映秀镇渔子溪村的"5·12"特大地震遇难者公墓前陆陆续续来了很多人。其中，有一位名叫李秀华的女士，每年这个时候她都会带着小女儿邓琪倩从都江堰驱车近一个小时来这里，因为这里的墓碑上，刻着她两个女儿的名字。

2008年5月11日，李秀华刚做好早饭，大女儿邓美星对她说："妈，母亲节快乐！"这是从小生活在映秀镇滩堡村的农村妇女第一次过母亲节。随后大女儿又说："等我长大挣钱了，一定给你买礼物。"听到这句话，李秀华觉得自己是世界上最幸福的人。

当天下午2点，邓美星准备返校，李秀华把70元生活费交到女儿手里后，转身为修房子的事忙碌起来，她甚至没有送一送女儿，只听到女儿说"妈，我走了"。

次日，汶川特大地震骤然发生，映秀镇被瞬间摧毁，在这场灾难中，两个女儿同时出现在遇难者名单中，李秀华崩溃了，随后的日子，她终日以泪洗面。

直到2009年，小女儿的诞生才让这个被重创的家庭燃起了新的希望。李秀华从小女儿邓琪倩身上找到了两个女儿的身影。从邓琪倩3岁起，李秀华每年都会带她来看两个姐姐，让她记住两个姐姐的名字。

在渔子溪村的"5·12"特大地震遇难者公墓里，每一个名字的背后都有一个沉痛的故事。真正了解这些故事的人会感觉到"数万"这个数据的可怕，因为它不仅代表了灾情的严重，更代表了难以想象的悲痛与遗憾。这时我们再来看"数万"这个数据，它已经是截然不同的面貌，这就是故事将数据转化的意义。

故事是一种高端的表达艺术，它能够帮助我们强化对信息的敏感度，丰富我们对数据的理解方式。数据是对事实的客观描画，讲述数据最好的方式不是数字罗列，而是用故事来讲述数据背后的情感，让数据变得有生命，有灵魂。

◆捕捉故事，强化发现意识

故事的力量，源于我们对它的理解和运用，以及对生活的观察和感悟。许多人无法提升自己讲故事的能力，并不是因为缺乏表达技巧或者理解能力，而是缺乏故事。没有充足的故事做支撑，一切表达技巧都无法充分发挥作用。这就如同没有弹药的钢炮，即使炮管打磨得再精细，也无法发挥应有的威力。

事实上，我们的生活中并不缺少故事，只是我们缺少捕捉故事的意识。如果我们能强化自己发现故事的意识，养成收集故事的良好习惯，日积月累，那么我们的故事库将会成为一个无尽的宝藏。

每天的新闻，每个人的生活，每段旅行的经历，每次疑问的解答，每一次挫折，甚至每次意外的邂逅，都是我们可以捕捉的故事。故事的本质是生活的缩影，是人生经验和情感的集合。只要有人，有情感，有互动，就会出现故事。

这并不需要我们具备特殊的天赋，只需要我们学会锻炼敏锐的观察力，敢于质疑和思考，敢于感受和体验。当我们把寻找和收集故事作为一种习惯，我们会发现，生活中的故事远比我们想象得多。

记得多年前，我在地铁上遇到了一件事。拥挤的车厢内一位大爷正在用手机看视频，精彩的视频内容让大爷的脸上出现不同的表情。坐在大爷旁边的一位小姑娘好奇地问："爷爷，你在看什么呢？"大爷回答："我在看电影。"小姑娘又追问："看电影为什么不打开声音呢？"大爷看着小姑娘温和地回答："因为这样看才不会打扰到其他人。"这时小姑娘若有所思地说："那我以后坐车时说话声音也小一点，这样才不会打扰到其他人。"

直到今天，我依然会把这个小故事分享给朋友，它成了一个生动的例子，提醒我们在公共场合要懂礼貌。很多时候，其实发生在身边的小故事远比义正词严地讲道理更有教育效果，这也是故事力的一种体现。

在生活中捕捉故事不仅能够丰富我们的生活，还能让我们的表达更有说服力。

生活本就是故事的集合体，这些故事构成了我们的人生。我们的任务就是体验这些故事，理解这些故事，分享这些故事。因此，寻找和收集故事，应成为我们生活的一种习惯。只要我们有这种意识，就能够不断丰富自己。

◆投入情感，输出价值观

语言若无情感，便失去了表达的力量。因此，在塑造故事思维和讲述故事的过程中，我们要注重投入情感，之后借助情感输出价值观。

讲故事并不是为了单纯传递信息，更是为了传递感情。例如，有时我们听到一个故事，一段时间后可能忘记了故事的具体细节，却会记住故事表达的情感和带给我们的感触，以及故事背后的价值观。这就是故事的独特之处，它能跨越时间和空间，通过情感融合让我们的价值观对听众产生持续影响。

从本质上来说，故事是强大的情感工具。它能引发听众共鸣，激发听众情感反应，能使听众对某种观念或价值产生深刻理解。在故事中投入情感，不仅能让语言更具吸引力，还能让听众长久地记住我们的观点。

情感不仅是人类行为的内在驱动力，更是我们的独特之处，是我们价值观的体现。当我们把情感投入故事中时，就打通了一条直接传递价值观的渠道。

几年前，我曾看过一个国外的公益广告。在这个广告中，主持人对受访者提问："我们生活的这座城市有数百万人口，你们认为每年因交通意外死亡的人数是多少可以接受？"受访者对此议论纷纷，有人说1000，有人说500，还有人说100。

当受访者给出自己的答案后，主持人让受访者转身，他们惊讶地发现远处有一群人缓缓走向自己。随着这群人走近，这些受访者开始神情紧张，有人甚至流下了眼泪。原来，走来的这些人正是受访者的家人和朋友。这时，主持人再次提问："你们认为每年因交通意外死亡的人数是多少可以接受？"所有受访者齐声回答："0。"

这个小故事充分说明了情感与价值观之间的关系。情感是人类沟通的桥梁，它不仅连接着我们与听众，还连接着我们的价值观与听众的理解。所以，当一个故事能够让听众投入情感时，我们便可以更有效地输出价值观。这也是有效的故事思维，我们需要以这样的思维理解、感受、编辑和表达故事，从而传递故事。

◆不断练习，构建属于自己的故事思维

塑造故事思维并非一日之功，它需要我们不断地练习和积累。如同匠人细心打磨作品，让其在时间的推移中逐渐变得光亮夺目，我们也需要对故事思维进行反复打磨，使之富含深度，并具有引人入胜的吸引力。

这需要我们不断培养自身捕捉、编辑、优化和表达故事的能力，努力寻找并构建属于自己的故事库，形成适合自己的讲故事方式。前段时间，我应邀到一家合作企业进行内部培训，意外发现，多年前参加过我的"故事演讲力"培训的一名基层领导，如今已成为这家企业的高层管理者了。他热情接待了我，并和我进行了一次深入交谈。

他告诉我，如今讲故事已经成为他的表达习惯，他真切感受到故事给自己生活、事业带来的改变。随后他和我分享了自己的成长故事，讲述了他是如何在生活中刻意观察细节，捕捉那些能够触动人心的瞬间的。他习惯用手机记录这些故事，并在事后进行深入思考和编辑这些故事。

经过多年的实践，他的成长故事不仅饱含情感，打动人心，而且富含深意，具有独特的吸引力。他成功地构建了自己的故事库，并掌握了适合自己的讲故事的方式。他的故事不仅引导我跟随他的思路，更让我深入理解了他的观点和价值观。

事实上，从塑造到应用故事思维，需要我们不断尝试，不断超越。只有通过这种方式，我们才能真正掌握讲故事的艺术，才能构建自己的故事库，找到适合自己的讲故事的方式。这是塑造故事思维的必经之路，也是通往成功的关键。

我们生来就有讲述和理解故事的能力，从儿童时期听母亲讲睡前故事，到长大后在职场中分享自己的经历，我们一直在用故事理解世界，表达自己。

——赵金星

第四章

发现线索，提炼观点
设计结构

生活的精彩在于其复杂多变，充满无数未知与惊喜。这些元素就像细流一样汇集到我们生命的河流中，形成我们独有的生活故事。在享受精彩生活的同时，我们也要学会记录生活的点滴，从生活图景中发现故事线索，设计故事地图。因为故事来源于生活，我们可以用生活素材丰富自己的故事库。只有这样，我们才能塑造故事思维，讲述动人的故事。

01

从故事原料到发现线索

前面我们提到，演讲是我们生活、工作中必备的一项技能，而故事恰恰是提升演讲效果的关键要素。然而，很多人表示，自己在演讲中不知道如何运用故事。

其实，生活中充满了各式各样的故事，但很多时候，我们只是在充当故事的观众与听众。所以，如果此时让我们讲述一个故事，大多数人可能会脑中一片空白。

有些人认为自己的生活平凡无奇，没有波澜壮阔的经历，没有惊心动魄的冒险，没有轰动一时的壮举，没有可以分享的故事素材。事实上，这是我们的思维限制了我们的视野，让我们觉得自己的生活乏善可陈，无故事可讲。

我们习惯把"故事"与惊心动魄的冒险、戏剧性的冲突和绝处逢生的奇迹联系在一起。然而，故事更多源于生活。我们的生活中，充满了故事元素，只是我们没有察觉而已。

我经常和学员、朋友分享，故事的线索就在我们的日常生活中，我们每天都与故事打交道，只是我们并未意识到而已。那么，如何才能找到这些隐藏的线索呢？如何从看似普通的生活中挖掘能引发共鸣的故事呢？这需要我们用一种全新的眼光去观察世界，用一种全新的方式去理解生活。

下面，我与大家分享，如何在看似平凡的生活中，发现那些能触动心弦的故事线索。其实，每一个我们认为无足轻重的瞬间，都有可能是一个动人故事的触发点。

◆如何能抓住有价值的线索

　　故事并非仅存在于外界的鲜艳事物或戏剧性事件中，它们更多地深藏在我们的日常生活中。在我们的成长过程中，大脑存储了大量的信息和经验，这些都可以成为我们的故事线索，并牵引出更多有用的故事，只不过大多数人不懂得如何抓住这些有价值的线索，从大脑中回忆起自己想要的故事。

　　事实上，大多数人都轻视了自己的大脑容量。科学证明，成年人的大脑容量可以达到惊人的78848亿GB，这一储存量是截至2023年全球最快超级计算机Frontier的10万多倍。这表明，我们的大脑完全能够详细记录我们一生中的所见、所闻、所说、所感，只不过大多数人不懂得运用而已。

　　从科学角度来分析，人不会忘记自己的所见所感，所谓的"忘记"，只是无法从大脑中及时提取这些深度信息。因为人的记忆分长期记忆和短期记忆，而短期记忆可以通过不断回忆、重复转变为长期记忆。我们认为的记忆力不足或故事库资源匮乏，同样是无法从大脑中提取深度信息的表现。

　　这又涉及存储性记忆和提取性记忆。其中，存储性记忆是指我们大脑中存储的信息和经验。这些信息包括我们从各种渠道获得的数据、概念、技能以及各种生活经验等。而提取性记忆是一种更为主动的回忆过程，即从大脑的存储库中检索出特定的信息或经验。这个过程通常需要一个"触发点"或"线索"，一旦这个触发点出现，我们就能迅速地把相关的信息从大脑深处"拉"出来，并构建出完整、真实的故事。

　　例如，有一些十几年甚至几十年的朋友，我们可能已经忘记他们的长相了，但当我们再次与他们相见时，却能够瞬间回忆起对方最初的模样，这就是被触发点激活的提取性记忆。

　　例如，我们在成长过程中经常接触气候变化、渔业、乡村生活的相关知识，这些知识会成为我们大脑中的储存性记忆。当有人提及海边渔村生活的情景时，这一触发点会迅速将我们大脑中有关气候变化、渔业、乡村生活的知识串联起来，我们便可以完整描述海边渔村的生活。

因此，要找到有价值的故事线索，先要找到提取性记忆的触发点。这些触发点同样源于生活。如果我们能够对外界保持好奇和敏感，并在独处时经常内省，从一件小事发散思维，深入思考个人的经验和情感，那么即使是生活中微小的情境或情感波动也可能成为故事的触发点，成为我们抓住有价值故事的线索，帮助我们提取和构建完整、有深度的故事。

故事是生活的表达，生活是故事的源头。每个人都有能力构建属于自己的丰富的故事库，关键是我们如何锁定那些有价值的线索。我们要学会从日常生活中寻找故事，感知故事，并思考如何使用故事，这就是丰富自身故事库的基础思维。

◆生活类故事线索

生活，如同大千世界的微观版图，是我们寻找故事线索的丰富矿藏。只要我们深信人生中的每个瞬间都蕴含着故事，我们就能够在生活中找到许多难忘的故事。从雀跃欢呼的美好时刻到痛彻心扉的艰难时刻，它们的诞生、由来以及当事人的表现都能够成为故事素材。不要把目光局限于自己的人生，身边的人同样是我们的素材库。尝试回忆这些时刻，挖掘这些时刻的情感，找寻这些时刻的意义，揭示这些时刻背后的信息，我们便能抓住故事的线索，把握故事的核心。

我们的生活中充满各种各样的人物，每一个人物都可能是故事的主角。无论是亲人、同事、朋友还是那些与我们有过短暂交集的陌生人，他们的行为举止、情绪变化和互动关系都是故事线索的重要来源。我们需要学会捕捉这些线索，揭示人物背后的故事。

另外，我们的生活本身就是一个不断变化的故事。成功与失败、重大决定和命运转折，甚至是一次平凡的旅程，都可能开启一个新故事。这些变化不仅能带来丰富的情节，更能揭示深层的主题，如挑战、成长、勇气、恒心等。我们需要提升自己的感知力，捕捉这些变化中的故事线索，揭示这些变化背后的故事。

下面，我分享几个从生活中寻找故事线索的实用方法。利用这些方法，相信大家也能够发现自己生活中的精彩故事。

●捕捉人生中那些难以忘记的瞬间。这些瞬间可以是欢欣鼓舞的时刻，比如你终于完成了某个项目并获得了客户的认可；也可以是令人痛苦的时刻，比如你在某个项目中失败，感到自我怀疑和困惑。每个这样的瞬间，无论是喜悦还是悲伤，都是故事的一部分，值得被发现，值得被讲述。

●寻找那些对你产生深远影响的人。他们可能是父母、领导、客户、伴侣、孩子，甚至是与你有过短暂交集的陌生人。他们的言行举止以及为我们带来的启示和影响，都是宝贵的故事素材。我们需要敏锐地捕捉这些人和他们的故事，寻找其中隐藏的故事线索。

●回顾你的人生历程，寻找曾经抓住的重要机会。这些机会可能改变了你的人生轨迹，给你带来了成功。你的选择、挑战、坚持都是深沉且感人的故事。我们要有洞察力去揭示这些机会背后的故事。

●深入内心，探索生命意义的感悟。这大多涉及生与死、健康与疾病、团聚与分离、新生命的诞生等。这些感悟会展示我们对生命的态度，揭示我们的价值观，形成故事的深层主题。面对这些感悟，我们需要怀有敬畏之心，深入挖掘这些感悟背后的故事线索。

●思考做过的有意义的事情。这些事情可能是一次成功的项目经历，也可能是一次帮助他人的善举，甚至是一段平凡但真诚的表达。这些事情会揭示我们内在的驱动力，展示我们的人格魅力，构成故事的核心。我们需要运用感知力和理解力，去识别这些有意义的事情，去揭示这些事情背后的故事。

生活中的每一个人、每一个时刻、每一个事件都可能成为我们的故事线索。我们只需要用敬畏、积极的态度去捕捉这些线索，便能发现那些隐藏在生活中的故事。记住，生活中处处有故事，只要我们用心观察和体验，就能找到属于自己的故事。

◆问题解决类故事线索

人生是一个不断发现问题和解决问题的过程。实际上，这些问题正是我们寻找故事线索的重要源泉。无论工作中还是生活中，那些对我们造成困扰，带来挑战的问题，往往是我们记忆最深刻，最蕴含人生哲理的故事素材。

只要我们调整视角，端正心态，我们就能够发现，每次遇到的问题都是故事的种子。它们可能给我们带来了痛苦，让我们感到挫败，但正是这些问题，激发了我们的斗志，引导我们找到解决之道，最终获得成长。当我们回顾这些问题及其解决过程时，我们可以找到丰富的故事线索，如挑战、冲突、转折、解决和收获等。

另外，我们的生活和工作中充满了各种问题，也有许多解决问题的人。他们可能是我们的同事、朋友或亲人，甚至是我们自己。他们的思考、探索、决定、行动，都构成了故事的关键部分。我们要学会捕捉这些线索，深入挖掘这些人物的思考过程和解决问题的方式，从中找出故事的主题和情感。

同时，解决问题的过程本身也是故事发展的关键。在面对问题时，我们不仅要找到解决问题的方法，更要探寻问题产生的原因和背后的意义。有时候，真正的问题并不是问题本身，而是问题背后的诱因及隐藏事件。我们要有敏锐的洞察力，从发现问题和解决问题的过程中找出隐藏的故事线索，如困扰、矛盾、理解、领悟、改变和成长等。

发现问题和解决问题的过程，能让我们编织很多精彩的故事。只要我们用心感受，用心理解，用心探索，就能获得丰富的故事资源。在寻找和编辑故事的过程中，我们要牢记问题带来的改变，不断促进自身成长。

我们要相信，生活中的每一个问题，都是故事的开始，关键在于我们是否用故事思维去感知，去理解和体验。下面，我将与大家分享一些在生活与工作中从问题定位故事线索的有效方法，相信这些方法能够提升我们寻找故事的能力。

●在职业生涯中定位故事线索。无论我们处在哪个行业，担任何种职务，工作中都会遇到一些影响深远的问题和挑战。有些问题和挑战可能关乎公司的生死存亡，有些问题和挑战可能影响自己的职业生涯，有些问题和挑战甚至可能改变我们的人生观。回想一下，从加入公司到现在，你是否经历过对自己工作影响深远的事？当这些事件发生时，你有哪些反应，又是如何处理的？每个细节都可能成为故事的精彩之处。

●在实际工作中定位故事线索。工作中我们都会遇到一些难以解决的问题。当遇到这些问题时，你是感到绝望，还是看到了新的希望？你是如何寻找解决方法，克服困难，突破瓶颈的？无论结果如何，这些经历都可以为我们的故事添加深度和复杂性。

●在工作岗位上定位故事线索。一路走来，你或你的团队一定遇到过一些难忘的问题，也解决了一些棘手的问题。你是否还记得那种胜利的喜悦或者失败的落寞？每一次的尝试，每一次的失误，每一次的成功，都可以为我们的故事增添真实和生动的元素。

●在解决问题的习惯中定位故事线索。在解决问题时，我们不仅要关注问题本身，也要关注问题背后的原因。有没有自以为找到了问题的关键，却发现问题的真正原因在其他地方的情况？这种发现是突然的，还是逐步的？我们的内心感受到了什么？这些反转和内心独白都可以为我们的故事添加更深的情感层次。

●在问题的感触中定位故事线索。在生活或工作中有哪些事或者困难让我们感触颇深，比如突如其来的危机、意料之外的惊喜、团队的团结协作、个人的坚持。我们是如何看待这些事情的，又从这些事情中学到了什么？这些感动的瞬间，无论是惊讶还是感动，都可以为我们的故事注入生动的情感。

遇到问题和解决问题的过程，充满了挑战、冲突、转折和成长。可见，问题是我们体验生活、认识自我和理解世界的方式，也是定位故事和编辑故事的重要资源。只有真实地感受问题，勇敢地解决问题，我们才能把这些经历转化成独特而有力的故事，变成我们成长的阶梯。

◆个人成长类故事线索

成长是我们人生必经的过程，是很多重要故事的基石。其实，每个人的成长历程都如同一部独特的小说，从青涩的尝试到坚定的决策，从年少懵懂到成熟稳重，每一个成长的瞬间，都可能是一个故事的精彩情节。

运用故事思维进行思考，成长道路上的每一次尝试都值得我们记录。这可能是一次新工作，一次新挑战或是一次尝试，正是这些成长经历，让我们看到和看懂了未知的世界。回顾这些有纪念意义的时刻，探寻其中的感悟和变化，我们便能找到故事的线索。

曾有学员对我说："赵老师，我的成长就是按部就班地上学、工作，并没有什么精彩之处，我甚至没有感觉到自己的成长，我又该如何从成长中寻找故事的线索呢？"

对此，我的回答："这要看我们如何看待成长。成长不能仅仅定义为自我的提升，生活与工作中一些微妙的变化也是我们的成长。例如，在工作中面对相同的困难，我们的心态从最初的恐惧逃避，到无奈地面对，再到主动迎接挑战，这就是重要的成长，也是故事的重要线索。生活与工作中的情绪起伏、心绪变化都是个人成长的重要节点，也是真实感人的故事素材。"

此外，我们的骄傲和自豪，同样能够成为重要的故事。因为骄傲和自豪的背后代表着重大成就、杰出贡献或者是某次事件的巧妙处理。这些不仅证明了自己的成长，也能够影响他人、改变他人。

下面，我将给大家分享一些在成长中定位故事的有效方法。这些方法不仅能够帮助我们找到故事线索，还能够引导我们重新审视自己的成长过程。

●在思维成长中定义故事线索。回想一下，有没有哪件事触动了我们的深度思考，从而激发我们去做新的尝试，改变自己，突破自己？这可能不是一件事，而是一本书，一部电影，一次旅行。从这些经历中我们发现了新的自己，觉得人生可以有更多的可能。这种思考和尝试的过程，正是我们内心深处的觉醒，也是故事的精神内核。

●在成长的经历中定位故事线索。我们是否经历过某些事，让我们感觉做这件事非常有意义？这可能是一次成功的项目，一个富有挑战的工作或者是一次精彩的演讲。这些经历让我们收获了成功，确认了自我价值，提供了丰富的故事素材。

●在工作成长中定位故事线索。进入职场后，为了达到某个目标，我们是否对自己特别严厉过？或许是在深夜依然坚守工作岗位，或许是在困难中选择坚持，或许是为了目标选择不走寻常路。这种对自己狠下心的时刻，不仅展示了我们的坚韧和毅力，也构成了动人故事的重要元素。

●在情绪变化中定位成长故事线索。我们还记得成长过程中的那些痛苦、欢笑、坚持和笃定的瞬间吗？这些情绪的起伏构成了人生成长的瞬间，也是故事中不可或缺的部分。

●在沟通成长中定位故事线索。回想初入职场时，由于沟通能力不足，我们面临了许多挑战和困难。随着沟通能力提升，我们获得了更多的变化和成长。这些经历不仅让我们了解了沟通的重要性，也让我们认识到沟通能力的价值。这样的故事，无疑是富有教育意义的。

●从身边人的成长中定义故事线索。是否曾经有某位同事的观点或行动改变了我们的想法或认知？或许是某个观点或某个行动，让我们有了新的思考，看到了自己的不足。这些改变不仅是我们成长的里程碑，也是故事的转折点。

成长的路上，我们既是行走的旅者，也是故事的创作者。我们不仅要把握住每一次成长的机会，也要发现每一个故事的线索。因为成长的每一刻，都可能是一个动人故事的起点，关键在于我们是否愿意去回顾，去感悟，去分享。

◆ 人物相关类故事线索

因为大多数故事是围绕人物展开的，所以人物本身就是重要的故事线索。人物的动态和静态性格特征，人物的决策过程、行为表现及其处理冲突的方式，都是重要的故事元素。在很大程度上，人物定义驱动着整个故事的进程。

我们回想一下，是否有特别值得信任的朋友？我们因为一件或一些发生在他们身上的事，对他们产生了深厚的信任？比如他们在工作中展现的专业性和敬业精神，他们在生活中展现的真诚和善良。不管是何种情况，这些信任的瞬间都可以成为故事中的精彩片段。

下面，我与大家分享一些从人物身上发现故事线索的有效方法。

●从特别值得信任的同事身上发现故事线索。我们是否有过这样的经历：深夜我们依然在公司加班，在为一个棘手的问题而烦恼。这时，一位同事走过来，虽然他没有直接给出解决方案，但他的出现、倾听和建议，都让我们找到了新的视角，也让我们对他充满了感激。这些互动与情感变化，都是引人入胜的故事。

●从印象深刻的合作伙伴或供应商身上发现故事线索。我们是否曾在项目中与一些人保持深度合作？面临重重困难，他们的坚韧不拔给我们留下了深刻的印象。他们在商务交易中的诚信和责任感，让我们敬佩。他们的行为为我们的故事提供了丰富的线索。

●从与生活息息相关的人物身上发现故事线索。他们可能是我们的朋友或者家人。有没有人告诉我们，我们的某个行为或举措，让他们产生了信任，并被我们影响？这可能是一次重要的决策，可能是关键时刻我们展现的勇气。他们的认同和信任，都可以成为我们故事的核心。

●从职业生涯中影响至深的那些人身上发现故事线索。他们或许是我们现在的导师，或许是曾经的领导，或许是现在的同事。他们对我们的影响可能体现为积极的工作的态度或专业的技能。回想他们的言行举止，我们便能找到故事中的"金子"。

人物是故事的灵魂，人物的行为和决策构成了故事的骨架。通过观察和理解，我们可以找到许多动人的故事线索。只要我们用心去观察，去感受，我们就能在复杂的世界中找到值得讲述的故事。

> 每个人都有能力构建属于自己的丰富的故事库，关键是我们如何锁定那些有价值的故事线索。
>
> ——赵金星

练习：马上就用的5个线索采集方法

练习一：记忆中的瞬间

请回想一个生活中让自己记忆犹新的瞬间，它可能是一个特别的日子，一次重要的经历。写下这个瞬间的具体情境，包括地点、时间、人物和事件。这个瞬间引发了什么样的情绪和思考？这是我们故事的起点。

练习二：人物描绘

选取一个生活中的人物，他可以是亲人、朋友或者陌生人。尽可能详细地描述他的外貌、性格和习惯，以及彼此的关系。试着回忆他对自己的影响，包括一段对话、一次行动或一次决定。这个人物可以为故事添加人性的深度和复杂性。

练习三：意外的转折

回忆生活中的一次意外转折，它可以是一次成功或失败的经历，可以是一次意外的冒险。写下转折的情境以及这次经历对自己的影响。这个转折可能是我们故事的冲突或者高潮，它可以带来紧张的剧情和深入的思考。

练习四：挑战与解决

思考自己面对的一次挑战，以及我们是如何解决的。这个挑战可能来自工作、学习或人际交往。记录自己的想法、行动和结果。这个挑战和解决的过程，可以为我们的故事提供有趣的情节和独特的视角。

练习五：生活的美学

注意周围的环境和细节，它们可以是我们日常生活的一部分，比如一个角落、一本书或一杯咖啡。试着捕捉它们的美，包括色彩、形状和感觉。这些生活的美可以让故事更加生动和感人。

通过以上练习，我们可以从多个角度去发掘故事原料、生活的深度和宽度。故事源于生活，又高于生活。只要我们用心去观察、感受和体验，就能够发现那些隐藏在生活中的故事线索，编织出独一无二的故事。

02

设计有观点的故事

每一个故事都是一种表达、一种沟通以及一种情感的传递。故事让我们跨越时间和空间的限制，感受人类共有的情感和经验。但是，只有当故事有明确的观点或者目的时，它才能产生真正的影响力，才能深入人心。没有观点的故事，就像没有灵魂的躯体，虽然有情节，但是缺乏生命的力量和魅力。

有人认为，讲故事只是为了娱乐和打发时间。我觉得这种观点有些狭隘，轻视了故事的真正价值。无论是神话、寓言，还是现代小说、电影，都是人类智慧和情感的结晶。它们通过生动的情节和鲜活的人物，传递了作者的观点，反映了社会的现象，探索了生命的意义。因此，我们讲故事，并非仅仅为了讲故事本身，而是要通过故事传递信息，引发思考，触动情感，影响行为。这才是讲故事的意义。

在讲故事之前，我们要清楚自己要传达哪些信息，表达什么情感，带来哪些改变，只有目的和观点明确，我们才知道应该讲哪些故事，以及如何讲好这些故事。

比如曾有一位学员对我表示，故事的真正智慧在于留给听众足够的空间，让他们自己去解读和体验故事中隐藏的观点。初听之下，我十分认同这种理解。然而，实践告诉我，这种讲故事的方式并不正确。

事实上，如果不明确地表达故事中的观点，不同的听众可能会从相同的故事中得到不同的观点。这并不是故事与讲述者本身的问题，而是因为在没有明确观点的引导下，不同听众对故事的关注点不同，从而导致他们从同一个故事中解读出各种各样的观点。

因此，在讲故事之前，我们不仅要明确我们要传达的信息，还要清晰地表达我们的观点，这样才能引导听众的思维，让他们随着故事情节的推进而推进，最终达到我们讲述故事的真正目的。

总而言之，故事中的每一个情节、每一个人物、每一个细节，都是为了支持和表达既定观点和目的，是我们故事的灵魂和方向。

◆故事的目的是什么

讲故事不只是事件的描述，剧情的表达，更重要的是它能够以快速、轻松的方式传递隐藏在背后的观点与信息。有人认为故事就是道理的传递方式，把故事讲清楚，听众自然能够明白我们的用意。事实上，任何一段文字或语言信息，讲述者和接收者是处于两种完全不同的状态的。因为讲述者在讲故事时通常以已知的目的和观点为前提，所以他们能够顺畅地理解故事。听众则完全不同，由于听众并不清楚我们讲故事的目的或观点，所以听众通过故事接收信息时完全是另外一种状态，同时，听众的语言习惯、生活环境、思维方式也存在很多差别。这导致听众可能会从同一个故事中得出完全不同的结论。

例如，我曾听闻一位父亲在教育孩子时，分享了自己儿童时期偷苹果的一段经历。他描述了偷苹果的情景，以及被抓后被园主和家人双重惩罚的情景。我能理解这位父亲讲述这个故事是为了教育孩子不要偷盗，然而，当这位父亲问孩子听完故事的感想时，孩子竟然说道："你当时再小心一点就不会被抓到了。"

这就是故事讲述者在讲故事前目的、观点不明确的主要体现。虽然我们自己知道讲故事的目的，但没有站在听众的角度，根据故事的目的、观点进行编辑和调整，因此很容易导致类似的结果。

出现这种状况主要是因为故事讲述者的思维前行方式与听众的思维跟随方式存在本质差别。下面，我将分享在讲故事过程中，讲述者思维和听众思维之间可能存在的思维差异。

　　首先，作为故事的讲述者，无论故事的主线设计是否连贯，在我们头脑里都要将故事引导至最后想表达的观点，如图4-1所示。

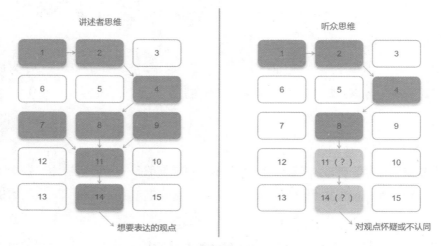

图4-1 讲述者思维和听众思维的差异

　　我们在讲述故事时，我们的故事思维从故事开始到结尾始终处于连贯状态，即便在讲述过程中遗漏了故事的某些关键点，依然可以用故事引出最终想表达的观点。

　　如图4-1所示，在讲述者的头脑中，故事的相关信息非常全面，但是讲述者将故事进行表达时并不会呈现所有信息，而是根据既定的情景与需要，进行信息的筛选与串联，最终形成连贯的语言传递给听众。

　　比如在讲述者头脑中，某一个故事的相关信息为15条，讲述者带领听众从信息1顺利过渡到信息2，再引出信息4和信息8，之后到信息11，最后总结想要表达的观点信息14。殊不知，在信息8过渡到信息11时，正是因为讲述者大脑中有信息7和信息9的支撑，才能够让两者之间的过渡十分顺畅。但在听众的脑海中则不同，听众始终跟随讲述者的故事节奏，当听众思维移动到信息8时，他们的大脑并没有信息7和信息9的支撑，当讲述者直接讲述信息11时，听众便会对信息11产生不解或者怀疑，进而对最终要表达的观点信息14不认同。

例如，我在一次为华为员工进行的培训中，一位年轻员工分享了他的一段经历。他讲述了自己进入华为时，没有积蓄，当时自己非常喜欢一部智能手机。于是用了一个月的工资买下了手机。拿到手机后，他非常兴奋，爱不释手。但在几天后，他在海边游玩时不慎将手机丢失。尽管他在海边寻找了许久，却依然未能找回。

在懊恼和无奈的情绪下，为了不影响工作和生活，他只好又在京东购买了一部手机。然而，在他等待手机送货时，平台竟然显示他的手机被退货了。这让他十分诧异，于是打电话咨询配送人员。配送人员告诉他，他的手机找到了，认为他不再需要这款新手机了，所以帮他进行了退货。之后，这位年轻人表达了京东服务很贴心的观点。但在场所有人对他后续表达的观点毫无兴趣，因为大家都在奇怪，他丢失的手机是如何到配送员手中的呢？配送员又是如何不经过他的同意完成退货的呢？

当有人提出这些疑问时，这位小伙子又花费了很长时间对故事进行补充。向大家讲述了手机被他人拾到后，恰好这位配送员因为其他问题给这部手机打了电话，拾到手机的人表示手机是捡到的，配送员则表示自己知道失主的地址，并愿意帮忙归还手机。就这样手机被送到了配送员手里。这时配送员又发现自己有一笔订单正好要送给这位小伙子，而订单信息显示商品正是一部手机。于是配送人员直接替小伙子选择了拒收并进行了产品退货。

补充完这些信息之后，仍然有人提出配送员怎么可能在没有经过客户同意的情况下退货呢？整个场景变成了一场讨论细节、辨别故事真伪的侦探过程，但是他自己并没有因为故事信息的缺失而影响观点的表达。

其次，在故事讲述过程中即便存在一些容易让人产生误解的模糊信息或者其他干扰信息，讲述者也可以基于对故事全貌的了解，顺利排除干扰，从模糊信息中辨明方向，引出自己想要表达的观点。而听众则不同，听众很容易在模糊信息、干扰信息中迷失方向，最终得出完全不同的结论，如图4-2所示。

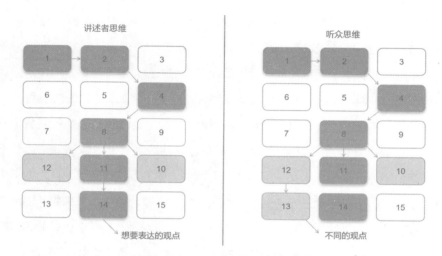

图4-2 讲述者思维和听众思维的差异

从图4-2中可以看出，讲述者带领听众顺利从信息1到信息2，再到信息4和信息8，当信息8存在一些模糊因素或者干扰因素时，信息8不仅能够延伸至信息14，还能够过渡到信息12和信息10。由于讲述者非常清楚故事的全貌，以及自己讲故事的目的，所以能够顺利排除干扰继续讲述信息11，并得出信息14的观点。但听众则不同，听众思维从信息8直接进入了信息12或信息10，并且得出不同的观点，即信息13或信息15。

以前面提到的父亲教育孩子的故事为例，或许因为父亲回忆起这段童年往事时心情过于高涨，所以对故事的冲突情节描述得过于生动，褒义地形容了偷窃过程，误导了孩子对这种行为的认知，导致孩子的思维方向与父亲的思维方向出现了偏离，最终孩子得出了完全不同的观点。

最后，如果故事信息存在缺失，那么听众可能无法充分体会讲述者想要营造的意境，这也是讲故事过程中讲述者和听众之间的一种思维差异。

例如，在一次培训课程上，一位男士分享了自己被骗入传销组织的经历。当时他被一位同学欺骗，误入了一个传销团伙，当他意识到问题时，自己已经失去了人身自由。在讲述过程中，他详细讲述了传销组织的可怕，自己每天窝在一个狭小的空间内，被至少两人看着，毫无隐私可言。之后他开始想各种办法自救，最终在多次尝试后逃出了传销组织。在讲述过程中，这位男生的情绪很激动，甚至有些失控。但我发现在场听众似乎没有太大触动，为了挖掘更多故事情节，我问他："你在这个传销组织中被囚禁了几天呢？"他回答道："不是几天，而是两个月。"得到这一信息后，在场不少听众发出了惊叹，甚至有人说："难以想象这么久你是怎么熬过来的。"从中可以看出，大家对他营造的故事意境产生了更强烈的感触，对其表达的观点更加认可。

以上三种情况是讲故事时经常遇到的，也是导致故事讲述效果不理想的主要原因。如果我们没有提前明确讲故事的目的，未能明确自己的观点，那么这样的故事宁可不讲。

正所谓"故事不是发生在讲述者的嘴里，而是发生在听众的头脑里"。想要有效表达、传递某个观点、信息，或者给听众带来某些改变，单纯讲故事远远不够，开口之前我们需要站在听众的角度思考如何传递、表达目的和观点，之后再基于目的和观点，对故事进行编辑、调整和优化。

讲故事一定是有目的的，我结合自身对故事的研究经验，将故事的目的分为了三个，这三个目的又被称为故事的导向。详细了解这三个导向，是我们强化自身故事思维的重要基础。

故事的导向包括认知导向、情感导向、行为导向。这也是故事观点和目的的主要方向。我们需要注意的是，每一种导向在故事中并非单独存在的。同一个故事可以存在多个指向。下面，我们就来详细了解故事在不同导向下的具体内容。

●认知导向。认知导向是指故事旨在拓展和调整听众某些方面的固有思维和观念。它以智慧和洞察为导向，能够拓展和延伸听众的思维，提升他们的认知水平。

比如我们可以通过一个故事向听众揭示一些观点或事实，帮助听众打破思维定式，了解新观念。通过这种方式，我们可以将知识和信息更有效地传递给听众。

●情感导向。情感导向是指故事旨在引发情感，触动心灵，激发听众的同情、爱、恐惧、愤怒等。它以情感和人性为主题，旨在打动听众的心，触动听众的情感。

情感导向的故事主要是为了引发听众的情绪反应。故事在传达情感时，情感元素起着主导作用。它们可能会让人感动，可能会让人心跳，可能会让人愤怒，也可能会让人快乐。在这种情况下，故事本身就是一把钥匙，可以打开人们内心深处的情感世界。例如，在企业落实企业文化的过程中，或者创业者表达初心的过程中，都需要借助情感导向提升讲故事的效果。这种方式能够迅速与听众建立信任，引发情感共鸣。

●行为导向。行为导向是指故事旨在引导行为，影响决策，激发听众采取某种行动，或者让听众从故事中学习、参考甚至复制故事人物所采取的某些方法。

故事在引导行为改变时，通常会有一个明确的行动建议或者方法。它可能会激励听众去做一件事，可能会提醒听众避免做某件事，也可能会鼓励听众去思考一个问题。这种故事可以引导听者采取正确的行动。比如优秀员工的蜕变故事，销冠背后的成长故事等，我们可以通过具有启示意义的案例，引导人们改变行为，获得成功。

总而言之，在故事讲述过程中，故事的目的指引着故事观点的提炼。如果是认知导向，那么故事观点要能够帮助听众在某些认知或思维上产生变化；如果是情感导向，则要让故事观点能够引发听众的情感共鸣；如果是行为导向，则故事中需要提供有参考价值或可以直接复制的行为方法。

另外，生活中常见的故事素材也能够让我们提炼出不同的讲述目的，只要我们能够用独特的视角看待这些素材，提炼出有新意的观点，那么这些平淡的故事就可以有更高的价值。

"故事的目的决定了故事的内在，讲述者要表达的观点决定了故事的外貌。目的和观点不同，同一个故事也会变成不同的样子。"

这是我在多年故事的力量研究中，真切感受到的一个技巧，也是我们学习、运用故事演讲力的关键思维。同一个故事讲述的目的不同，表达内容的形式则不同，最后阐述的观点也会存在差异。牢记这一思维，我们才能够让故事更巧妙、准确地融入演讲中，发挥其最大价值。

◆ JX 洋葱提炼法，明确故事的核心观点

为了帮助更多朋友和学员迅速定位故事的观点和目的，我结合自己多年故事研究的经验，打造了一套"JX（金星）洋葱提炼法"。因为每一个故事都像一颗洋葱，由多层含义和观点组成。我们通过这种方法能够从故事中不断发现、提炼、打磨出故事的核心观点。

运用"JX洋葱提炼法"的关键是自我反思和深度思考。当我们面对一个故事的时候，我们需要问自己以下几个问题。

我喜欢这个故事的什么？

是什么把我吸引到故事中的？

这个故事对我来说意味着什么？

从这段经历（故事）中我学到了什么？

这时，我们得出的观点大多是讲述者的个人感受，这些信息还不足以影响他人。因此我们需要继续深入思考，讲故事需要给听众带来哪些启示，并继续对自己提问。

我们想要通过这个故事向听众传达什么？

我们希望其他人从故事中领会什么？

当我们分享这个故事后，我们想让听众相信什么？做什么？

通过一系列的思考，我们如剥洋葱般，层层剖析故事，清晰地确定了讲故事的目的，并能够更有效地把我们的观点和信息传递给听众。这是一个深度反思的过程，也是一个认识自我和理解他人的过程。

通过使用"JX洋葱提炼法"，我们可以确保故事不仅仅是一个故事，而是一个有目的、有观点的信息载体，一个能够引导听众达到我们期望的理解或行动的方法。下面，我们来分享一个故事，并用"JX洋葱提炼法"定位故事的观点和目的。

故事：蕉下品牌与《惊蛰令》广告的营销风潮

在2023年，户外生活品牌"蕉下"推出了名为《惊蛰令》的广告片，在社交媒

体上引起了广泛关注，全网曝光量累计高达7亿。该广告不仅在业界得到了高度认可，而且还在社会层面上产生了深远的影响。

广告的主题是中国传统的节气文化——"惊蛰"。惊蛰象征着大自然苏醒和万物复苏，是人们走出户外，重新探索世界的开始。蕉下通过这一主题，成功传达了其对于人与自然和谐关系的深刻理解。

与传统的故事式广告不同，这则广告采用了"踏歌"的形式，即以欢快的舞蹈和音乐来传达信息。歌手的出色表现赋予了广告强烈的情感共鸣和文化认同。广告开头用秦腔和唢呐营造氛围，紧接着用韵律歌词和戏曲丰富文化内涵。这些元素让广告充满了鲜明的中国风格。

广告推出后，蕉下宣布周杰伦为品牌代言人，并推出了新的品牌视频，从而保持话题热度，尽管这些后续活动的影响力没有《惊蛰令》那么大，但蕉下成功在营销领域掀起了一股带有中国特色的营销热潮。

现在，我们用"JX洋葱提炼法"对这个故事的观点和目的进行提炼。

我喜欢这个故事的什么？答：广告成功地将品牌信息与深刻的文化内涵相结合。

是什么把我吸引到故事中的？答：创新的"踏歌"形式和丰富的文化元素。

这个故事对我来说意味着什么？答：品牌和文化不仅可以共存，还可以相互促进。

从这段经历（故事）中我学到了什么？答：成功的品牌故事可以同时满足商业和文化目标。

我们想要通过这个故事向听众传达什么？答：商业品牌也可以是文化和价值观的传播者。

我们希望听众从故事中领会什么？答：品牌营销可以富有创意和深度。

当我们分享这个故事后，我们想让听众相信什么？做什么？答：营销比拼的不是经验与技巧，而是思维宽度和创意深度。现代社会消费者更加重视品牌的文化价值和社会责任。我希望听众可以改变自己闭门造车式的营销策划，尝试用破圈、跨界的思维重新审视市场营销。

通过"JX洋葱提炼法"的提炼，我们能够明确故事蕴含的观点，也自然能够清楚自己讲述故事的目的。比如在企业营销培训时，我们可以使用故事与听众探讨现代市场营销的核心是什么？提升自身营销能力的方向是什么？

我相信，"JX洋葱提炼法"能够帮助我们更深入地理解每一个故事，并为我们使用这些故事达成讲故事的目的带来指引和促进。

◆创建故事核心观点的 5 个要点

创建故事的核心观点是一个细致的过程，只有我们的观点明确并准确，才能够使之与故事深度结合，并提升讲故事的效果，所以我们需要进行仔细规划和有意识地思考。以下，是我结合自身多年故事研究经验，总结出的5个创建故事核心观点的要点，分享给大家。

1. 确保自己要表达的核心观点与故事吻合

故事的整体环境和观点相辅相成。观点是故事的灵魂，它需要深深融入故事的场景、人物和情节之中，而非生硬地附加。故事的元素应该为观点传递提供支撑，使观点以一种自然且引人入胜的方式呈现。

另外，即便我们讲述的故事和观点吻合，如果在讲述故事主体后没有为观点的表达进行铺垫，直接抛出故事的观点，那么听众的思维也容易中断，会认为我们抛出的观点十分突兀，与故事不匹配。我们要避免这种缺少过渡引导的讲故事方式。

2. 不要尝试用一个故事得到所有听众的认同

虽然故事具有强大的影响力，但是不要尝试用一个故事得到所有听众的认同，让所有人产生共鸣。正如《故事思维》的作者安妮特·西蒙斯所说，一个故事能够打动70％的听众已经十分优秀了。

另外，虽然一个故事中能够提炼出多个核心观点，但不要尝试通过一个故事同时表达多个观点，因为我们需要在故事构建过程中选择不同的侧重点支撑不同的观点，同时表达多个观点会让故事失去重心，使听众接受度以及对观点的认可度大幅降低。所以，我们在搜集、记录故事素材时，可以尽量多提炼故事的观点，但在使用故事素材或者讲述故事时，最好一次表达一个或两个核心观点。

3. 尽可能避免使用专业术语

尽管专业术语在特定领域十分有效，但在故事讲述中却会使故事变得晦涩难懂，阻碍观点传递。同时，经常使用专业术语也是一种缺乏同理心的表现，如果我们没有站在听众角度思考故事的接受效果，则无法拉近与听众的距离。为了让观点更容易被理解和接受，我们应该多使用通俗易懂的语言，如果有使用专业术语的必要，那么也要及时为听众进行解释。

4. 我们必须相信自己所阐述的观点

故事的讲述者必须充分相信自己的观点，因为这种信念会通过我们的语言和情感传达给听众。只有真正相信自己的观点，才能使故事生动有力，触动人心。

5. 传达通用的核心观点，以便应用到更多主题或场景中

所谓"通用的核心观点"是指超越特定背景或情境，具有普遍性和适用性的观点。很多人认为，在我们的生活和工作中，每个故事都是独特的，它们往往基于个人经验和特定情境，在特定的背景下可能深入人心，但当这个背景改变时，这些观点可能就不再适用。

例如，曾有学员在培训课上分享了她与孩子相处的故事。在教育孩子的过程中，她习惯以家长的身份与孩子相处，用命令的方式教育孩子，当孩子有自己的想法时她不懂得倾听，直接否定。在这种方式下，她与孩子的关系不断恶化，直到她看到其他父母，使用陪伴、引导、鼓励的方式与孩子相处，她才意识到自己的问题。于是她开始转变思维，将自己与孩子调整到平等的位置，她发现位置转变之后，她能够更加轻松、准确地了解孩子的真实想法，明白孩子的需求与困惑，最终母子关系得到好转。

听到这个故事后，很多人认为她的观点和使用场景是固定的，只能用在家庭教育、亲子教育的情景中。但事实上，在创建故事的核心观点时，我们恰恰需要打破这种思维，提高观点的通用性。我们不仅要关注故事本身，更要深入挖掘和提炼通用的观点。

以上面的故事为例，在这个故事中，如果我们还可以挖掘"换位思考"或"发

自内心地尊重他人"的核心观点，那么这个故事便可以广泛应用，无论是跨部门沟通还是销售培训都可以用来强化演讲效果。

因此，为了增加故事的应用范围和深度，我们应该提炼不同的核心观点，努力使故事的核心观点更具通用性，这样才能让同一个故事素材在更多的场合和主题中发挥作用。

总而言之，创建有效的故事核心观点并非易事，通过遵循以上5点建议，我们能够更好地将我们的观点与故事融为一体，使其产生深远的影响。

另外，在提炼核心观点的表达方面，我再补充以下5个需要注意的关键点。

（1）它是一个完整的句子，而不是一个简单的要点。例如，仅仅提炼出"坚持"，这就属于要点，而不是完整的句子，我们可以将其进行完善，把观点升级为"坚持，就是再来一次"。

（2）它是一个陈述句，而不是一个问句。

（3）它是简洁、容易记忆的。

（4）它是一定范围内有意义的点。

（5）它的属性是积极的，而不是消极的。

牢记创建故事核心观点的5个要点，以及上面的5个关键点，我们不仅能够学会如何讲故事，更能够准确把握如何讲好故事。

◆一学就会的故事核心观点结构

我相信，在"JX洋葱提炼法"的帮助下，我们能够迅速定位故事想要表达的观点和目的，也能够顺利将观点和目的融入故事中。但提炼核心观点，似乎成了很多朋友讲故事的难点，因为他们感觉自己总结的核心观点无法起到画龙点睛的作用。

为此，我也特意总结了5个"一学就会的故事核心观点结构"。通过这些结构，我们能让故事观点富含哲理，能够让简短的语言成为激发听众想象和决策的金句。

1. 两段式

两段式结构是最基础、最常见的一种核心观点表达形式，它的优势是简单、直接。

（1）"所谓……就是……"

这个两段式结构的第一部分通常用于陈述一个事实或者观点，第二部分则用于进一步解释或阐述第一部分的内容。比如"所谓同理心，就是少说话，多听"，这个观点清晰地解释了同理心的含义，不仅容易理解，而且具有启发性。

（2）"不是……而是……"

这个两段式结构的第一部分能够打破听众的传统观念，第二部分则为听众提供一个崭新的视角。比如"故事不是发生在演讲者的嘴里，而是发生在听众的头脑里"，这个观点提醒我们，一个好的故事不仅仅是讲述者所说的话，更是听众如何理解和感受这个故事。

（3）"可以……但不可以……"

这个两段式结构的第一部分是对某种观点或行为的表面认可，第二部分则是为听众明确表象之下的核心问题。比如"你可以不喜欢表达，但不能没有表达的能力"。

2. 压缩式

压缩式结构以精练的语言传达深刻的观点，把一个复杂的观点或者想法压缩成一句简洁而有力的话。在故事讲述过程中，当核心观点需要充足的铺垫和过渡时，我们就需要运用这种结构。因为这种结构能够起到画龙点睛的作用，通过一句压缩式语言，高度凝练故事观点，不仅便于听众记忆，而且方便观点转述。

比如"每个人都有无限的潜能，当你跟自己的心去联接时，就会有源源不断的能量"，这句话可以压缩为"心有多大，你的能量就有多大"。这个抽象的观点被压缩后，变得简洁明了，更有力量。使用压缩式结构时，需要注意，虽然我们要精练语言，但是不能损失原有观点的含义和深度。

3. ABBA式

ABBA式结构是一种通过对比和反转，形成强烈效果的核心观点的结构，它增强了观点的力度和影响力。例如，"人类必须终结战争，否则战争就会终结人类。"这个观点利用反转，强调了战争对人类的毁灭性影响，使观点更具震撼力。

4. ABBC式

ABBC式结构以连贯的逻辑顺序推进，展示了事物的演变或发展过程。例如，"道生一，一生二，二生三，三生万物。"这个观点清晰地描绘了从"道"到"万物"的生成过程，揭示了事物生成和发展的自然法则。例如，"在生活中发现，在发现中领悟，在领悟中实践。"这个观点逻辑分明地表现了一种积极向上的生活智慧。

5. 替换式

替换式结构是一种重新解读和阐述已有观点的结构，它通过换一种方式或角度重新解读观点，使观点更具新意和深度。比如"每一次故事的分享，都是让自己心力变大的过程"，这是对"每一次远行，都是在扩大自己的认知边界"的替换，替换后我们以新的角度阐述了故事分享的意义与价值。网络上有各种语言精辟的金句，这些金句都可以成为我们借鉴、引用的素材，提升故事核心观点的凝练效果。

构建有效的故事核心观点并不是一件难事，只要我们根据故事的内容和目的选择适合的结构，就可以构建有力的核心观点，让我们的故事充满力量，引人入胜。

> 故事不是发生在讲述者的嘴里，而是发生在听众的头脑里
>
> ——赵金星

练习：用"JX洋葱提炼法"提炼你的故事观点。

下面，我与大家分享一个经典的小故事，然后我们一起使用"JX洋葱提炼法"进行故事观点的提炼。

故事：

10年前，李强就职于一家兼有国企和外资背景的合资公司。公司有一个不好的现象：大家都不愿意承担责任，事情越多，犯错概率就越大，事情越少，犯错概率就越小。

李强在供应商质量管理部门任职，加入这家公司之后，接到的第一个任务是汇总整理公司的不良品，明确供应商的责任，然后向供应商索赔。这个任务以前没有人做过。

李强迅速行动起来，首先把各种不良品进行分类，明确不良品的类型，然后针对主要的问题，与供应商沟通。他发现问题集中在几家供应商身上，其中最突出的是一家突尼斯的供应商。

因为之前没有人追究过供应商的问题，所以面对索赔时供应商非常惊讶："以前都是集团付款给我们供应商，现在怎么变成供应商赔钱给集团了？"

由于这几家供应商为集团内供应商，公司高层对其监管也不重视，最终导致了供应商质检不严的问题。

李强入职两个月以来，工作进展十分艰难，工作强度极大。各种资料的整理、归类、汇总都靠他一人完成。尽管供应商不配合，但李强不愿意半途而废，而且他认为员工也必须完成公司安排的任务。

于是，李强不遗余力地通过电话、邮件进行沟通，并将结果抄送给公司集团高层和供应商高层。随后，李强开始用第三方数据以及图片作为证据，说明不良品产生的原因以及问题的严重性，集团高层和供应商都开始重视这一问题。

在工作过程中，李强曾邀请集团亚太区质量总监协助，但对方因为公司内部的不良工作风气，缺乏信心而婉拒了他。随着李强不断取得工作成果，亚太区质量总监和其他公司高层心态开始发生转变，他们给予李强的支持越来越大。

半年后，那几家供应商在事实和证据面前承认了自己的责任，并赔偿给集团9万美元，这是公司财务第一次收到供应商的赔偿款，不明所以的财务人员甚至打电话咨询李强是不是工作失误。

公司对李强进行了嘉奖，并在员工KPI（关键绩效指标）中补充了一条重要内容：谁负责的产品出现了质量问题，谁负责找相应的供应商索赔。

李强表示，在这一过程中，他学到了很多物流知识，极大提升了自己在物流方面的专业能力。他也因此荣获了公司年度优秀员工奖，成为公司有史以来入职半年就获得该奖项的新人，并得到一笔20000元的奖金。

李强说："当我拿到奖金的时候，并没有太激动，我做这件事不是为了荣誉和奖金。这是我的职业信仰和职业习惯，我始终坚持一个信念：永远都不轻言放弃。这次工作体验将会对我的职业生涯产生持续的激励。"

下面，请大家尝试用"JX洋葱提炼法"提炼故事观点。

我喜欢这个故事的什么？

_____

是什么把我吸引到故事中的？

_____

这个故事对我来说意味着什么？

_____

从这段经历（故事）中我学到了什么？

_____

我们想要通过这个故事向听众传达什么？

_____

我们希望听众从故事里领会什么？

_____

当我们分享这个故事后，我们想让听众相信什么？做什么？

_____

03

化腐朽为神奇的经典故事结构

美国著名作家罗伯特·鲁瓦克（Robert Ruark）在他的书中分享了一个引人深思的故事。杂志作家亚力克·巴尔（Alec Barr）希望将"事件—地点—时间"这种新闻报道的写作方式应用到其他媒体领域，但结果不尽如人意。杂志编辑马克·曼特尔（Nark Mantel）看过亚力克的作品后，对他讲了这样一段话："我画一幅图告诉你一篇杂志文章应该是什么样子的，然后再用铅笔给你变个戏法——将你的故事切割。如同一栋房子或其他任何具备精确构造的物体一样，杂志故事也需要有结构。"

当曼特尔将一篇5000字的杂志文章拆解，并讲明每个部分的功能后，亚力克顿时目瞪口呆，他终于意识到故事不是"事件—地点—时间"等要素的平面堆砌，而是靠结构支撑的立体画面。

亚里士多德（Aristotle）曾指出："最重要的是事件的结构，事件与人物无关，而关乎行动和生命。"2001年，美国著名作家、编辑诺拉·艾弗隆（Nora Ephron）也在尼曼叙事大会上讲道："叙事的重点就是结构，如果作者选择了正确的结构，其他的事情就容易多了。"

时至今日，依然有很多人误认为一篇动人的故事主要依赖遣词造句、文体风格和华丽辞藻。可事实上这些不过是故事的点缀，真正决定故事质量的还是结构。

故事结构是内容的精妙骨架，在它的基础上具体的内容才构建出肌肉、神经与生命。没有结构的故事就像一片散落的拼图，每个片段看似精彩，但缺乏内在的吸引力。这将使听众在享受故事的过程中失去方向，不易抓住主题，或者在故事结束后难以留下深刻的印象。相反，一个有着明确结构的故事，能有效地引导听众的情感反应，营造紧张感、期待感和冲突感，把故事推向高潮，并以一个令人满意的结尾落幕。

选择合适的故事结构，就如同为舞台剧搭建完美的布景。它不仅为故事的主题和情节提供了空间，还可以强化故事的主题，增强故事的感染力。具体而言，故事结构是为讲故事打开的通道，它能帮助我们更有效地向听众展示故事的吸引力和影响力。

下面，我们详细分析如何让我们的故事具备良好的结构，如何从结构上强化讲故事的效果。

◆故事经典的 BME 结构

故事经典的BME结构，简单地说就是开场（Beginning）、中间（Middle）、结尾（End），如图4-3所示。

图4-3 故事经典的BME结构

这一结构看似简单，却是所有引人入胜故事都具备的核心框架，它的主要作用是有节奏、合理地支撑整个故事的表达。

在这个结构中，开场一般占据故事篇幅的5%~10%，它是故事的"引子"，决定了故事的第一印象。它如同音乐会的前奏，为随后的主题旋律营造气氛，给听众足够的信息来期待接下来的情节。开场的目标是吸引听众的注意力，让听众想听下去。因此，它需要简洁、明快，足够引人入胜。

中间部分是故事的主体，一般占据故事篇幅的70%～80%，这也是故事的核心部分。在这个部分中，我们需要布置情节，发展角色，制造冲突，以此推动故事的发展。中间部分与开场、结尾部分的连接要紧密、顺畅，让故事产生连贯性。在这个过程中，故事的主题和价值观需要贯穿始终，引领听众走向我们设定的方向。

故事的结尾部分，一般占据故事篇幅的10%～20%。在这个阶段，我们需要解决悬念或引发联想，为听众提供一个满意的解答，这样才能使他们在听完故事后，留下深刻的印象。

总体来讲，故事的BME结构看似简单，但每一个板块都发挥着独特的作用，缺一不可。故事的开场提供方向，中间丰富经历，结尾达成目的。所以，它不仅是编辑故事和讲述故事的工具，更是听众理解故事的有效思维方式。

◆铺垫故事开场的八种方法

成功的故事开场总能让人眼前一亮，耳目一新，它可以瞬间把听众从平淡生活引向精彩的故事世界，而这恰恰需要我们在开场将故事铺垫到位。因为"故事"一词在组织和企业内并不具有权威性，一旦我们直接、生硬地讲述故事，很容易导致听众产生抵触心理。所以，我们需要一些铺垫和引导，将故事顺利引出，并让听众乐于接受。

下面，我就与大家分享八种有效的方法，帮助大家在开场阶段为故事做好铺垫，增强故事的吸引力。

1. 提问式开场

我们可以通过向听众提出具有探索性的问题来吸引听众的注意力，让他们对故事产生兴趣。例如，"大家对公司'客户导向'这一价值观非常熟悉，但到底什么是客户导向呢？有段经历让我对它有了更深的了解""大家知道旅行真正的含义是什么吗？就在上周我去德国，遇到一位老人，让我对旅行的认知有了不一样的理解。"这样的问题可以瞬间引发听众的思考，并让其对故事产生期待。

2. 现状描述式开场

我们可以描绘一种与听众现实生活密切相关的情境、现象，引发听众共鸣。例如，"现在年轻人看似生活越来越轻松，但实际就业压力、生活压力远超以往。""每家公司都有自己的固有思维，即使这种思维是需要改变的，但由于其强大的惯性，它会推着组织内的所有人向前移动，这时，个体的力量往往是渺小的。"这种方式可以把听众从日常生活中引入我们要讲述的主题中。

3. 构建场景式开场

详细、生动的场景描绘能让听众在心中形成强烈的视觉影像，更好地投入故事中，听众可以通过我们的描述，清晰地想象故事的环境，感受故事所传达的情感。

例如，"昨晚公司突然停电了，办公室一片漆黑，当时只有他们两个在公司。"这样的描述可以帮助听众构建强烈的视觉影像，更好地理解、感受和期待故事。

4. 痛点式开场

我们可以触及听众的痛点，唤醒对方的情绪，以此增强听众对故事观点的期待。例如，"大家总说内卷严重，难道我们真的没办法改变内卷的状态吗？"这种方式可以引发共鸣，使他们更愿意听下去。

5. 线索式开场

我们可以在开场阶段就提供故事的关键线索，使听众对故事的发展产生好奇心。例如，"我从来没想过，一个5岁的孩子能够改变我的一生。""我们一直认为竞争对手是我们的威胁与障碍，但从互联网思维来看，竞争对手也是我们的资源。"这种方式可以通过暗示让听众产生思考，使他们对故事的后续发展充满期待。

6. 时事热点式开场

我们可以引用正在发生或者刚刚发生的时事热点，使故事更贴近现实，让听众感到故事的紧迫性和重要性。例如，"大家都没有想到，昨天宝马公司因为一个冰淇淋陷入了巨大的公关危机。"这种方式可以增强故事与听众的内在联系，进而提高听众的关注度。

7. 观点式开场

我们可以在开场提出一种有力观点，引发听众的思考，让他们对接下来的故事充满期待。例如，"我们一直认为在'男女平等'观念前，女性是弱势群体。但现在发现，原来真正需要帮助的是男性。"这种方式可以打破听众的固有思维，使他们对我们的故事充满好奇。

8. 数据式开场

我们可以利用有力的数据支持我们的观点，让故事更有说服力。例如，"据统计，当代年轻人平均每天花在手机上的时间超过5个小时，这意味着我们每年要花费两个月的时间在手机上。"这种方式可以使故事更具影响力和说服力。

好的故事开场，就像一把钥匙，能够轻松打开听众的心灵之门。无论是提问、描述现状、构建场景、痛点、线索、时事、观点还是数据，都是让故事更有吸引力的有效工具。另外，如何让故事自然地嵌入演讲中，取决于故事的铺垫效果。在有效的铺垫下，故事才能够以润物细无声的方式自然呈现，才能够充分发挥影响听众的作用。

◆让故事主体有效的四个步骤

在讲述有效故事的过程中，中间部分最为重要，它是故事的核心，也是表达所有观点的关键。中间部分是在开场铺垫之后表述的故事情节，它是故事的深入发展，其作用是引导听众进一步理解和投入故事中，所以它决定了故事最终的效果。

在这一部分，我们可以依靠四个关键要素——背景、冲突、行为、结果来提升故事的质量，强化讲故事的效果。这四个关键步骤构成了故事的主体，赋予了故事生命力。

其实，在任何一个完整的故事中，我们都能找到这些核心要素，它们如同四个支点，撑起了一个精彩的故事。其中，背景是故事发生的上下文环境，包括人物、时间、地点等基础信息，这些元素赋予了故事真实感，使听众能够更好地理解故事和产生共鸣。例如，"与大多数人不同，他的童年极其艰辛，出生在偏远山区的他从小跟爷爷奶奶一起生活，几年才能见父母一面"，这样的背景描述，已经为接下来的故事营造了充分的氛围。

故事的发展离不开冲突。冲突是故事的关键动力，它引发了故事的发展，推动了人物的行为。冲突可以源于人物内心的矛盾，也可以是人与人、人与环境的对抗。例如，故事主人公因为心中的理想与现实生活的艰难处境产生冲突，这种冲突将引领故事走向更深入的层次。

行为是人物为了解决冲突而采取的行动，也是故事中最能体现人物特性的部分。这些行为可以是面对困难的坚持，也可以是为了理想的追求，无论什么样的行为，都能使故事更加丰富多彩。

最后，故事的结果通常是对前面冲突和行为的结果，也是故事的高潮和结尾。结果不仅是事件的终结，也是对故事主题的强化。例如，主人公经过艰苦的努力，最终实现了他的理想，这个结果既是对他行为的肯定，也是对故事主题的升华。

背景、冲突、行为和结果，如同一个能够扩大故事效果的化学公式，将平淡的事件转变为引人入胜的叙事。为此，我们可以根据自己要表达的观点、要传递的目的，合理强化、调整这四个关键要素，让其赋予故事更大的吸引力、感染力及影响力。

另外，我们在前面分析了故事核心观点结构，而让故事有效的四个关键要素可以让故事的核心观点更突出，让故事在短时间内打动人心，达到预期的效果。

故事的核心观点即听众的思维焦点，故事的所有元素都要呈现和强调这一中心。不论是个人的成长历程、社会弊端的呼吁，还是品牌和产品的价值主张，如何用简短而深刻的语言来凝练核心观点，是我们需要考虑的首要任务。

所以，在确立了故事的核心观点并选择了合适的结构之后，我们可以通过上述四个关键要素增强和支持故事的核心观点。

我曾听过这样一个故事。一位学员讲到，她的孩子曾经沉迷网络游戏，经常逃学，成绩倒数。她教育、责骂，甚至动手打过孩子，但都没有太大的效果。

有一次，她的孩子逃学到网吧打游戏，在网吧里与一些社会青年发生了冲突，被打成重伤住院。得到消息后，她与丈夫迅速赶往医院，看到孩子痛苦的模样，一向老实的丈夫竟然拿起凳子要和对方拼命。

那段时间，她和丈夫最大的期望就是孩子身体健康，两人没有再责怪孩子，而是日夜守在孩子身边。万幸的是孩子身体顺利恢复，也没有留下后遗症。

令她感到惊喜的是，孩子出院后变得特别懂事，不仅戒掉了网瘾，而且还十分体谅父母。她看到孩子的改变，心中充满了欣慰。

这个故事的素材十分感人，但由于讲述者讲故事的能力有限，所以在观点表达、剧情描述时有点混乱。

我将这个故事进行了核心观点的重新归纳，并用让故事有效的四个关键元素对故事进行了结构调整，并引导她对故事进行重新编辑。

我利用"两段式"结构，将故事的核心观点定义为：所谓成长，不是年龄的增长，而是思维的成熟。

之后，我又重新整理了这一故事的梗概。

背景：孩子是一名高中生，沉迷网络游戏，成绩不佳，屡教不改。

冲突：逃学期间与社会青年斗殴，被打成重伤住院。老实的父亲到场后拿起凳子要找对方拼命，这让孩子深深触动。

行为：孩子出院后戒掉网瘾，体谅父母，好好学习。

结果：孩子变得成熟，考上了理想的大学。

通过以上结构和核心观点的有机结合，这个故事不仅富有戏剧性和吸引力，而且具有深刻的哲学和人生启示。这样的故事更容易赢得听众的认同，因为它不仅提供了情感的共鸣，还提供了深刻的思考和启发。

◆如何巧妙设置故事的结束语

一个有效的故事，不仅在于开场引人入胜，中间精彩，更在于它的结尾圆满。所谓结尾圆满并非指故事的结局皆大欢喜，而是让听众感觉听故事有收获，有感触，有共鸣，有意义。哪怕是开放式的故事结尾，只要让听众能够回味无穷，意犹未尽，也是一个好的结尾。

　　在一个有效的故事中，结尾部分的设计尤为重要。其中，过渡语设计和核心观点表达是构成故事结尾的两个主要元素，它们相辅相成，共同打造出引人入胜且难以忘怀的故事体验。

　　几年前，在我的一次"故事演讲力"的公开课上，有一位学员讲述了这样一个故事。他是一位滑雪爱好者，在一次滑雪中遇到了突发状况。当时，他想要挑战自己滑雪速度的极限，于是在滑雪道上不断加速。这时，一位小女孩不小心闯入了他的滑道。万分危急下他勉强躲过了小女孩，没有使这次意外造成严重的后果。讲完这个故事后，他表示这件事对他的触动非常大。紧接着他说，一家企业在追求变革或者转型时，如果过于追求速度则容易忽略过程中可能出现的风险，进而影响变革和转型的效果。

　　面对这个突如其来的观点，大部分听众感到莫名其妙，大家非常奇怪为何刚刚还在讲滑雪的故事，突然间就转入企业变革与转型了呢？这就是典型的缺少过渡语的表现。事实上，这两者的内在逻辑的确有相通之处，但从滑雪经历转入企业变革转型时需要设计简单的过渡语，进而把听众思维从滑雪引导到企业变革转型上。哪怕是一句十分简单的"过于追求速度就容易忽略可能发生的意外情况，这一道理同样适用于企业发展领域。当一家企业在追求快速变革转型时，它可能会遇到意料之外的情况。如果企业过于追求速度，而忽略可能出现的风险，那么可能会失去对整体大局的掌控"，这样的过渡语就可以让听众的思维顺畅地转移到我们想要表达的观点上。

　　从这个案例可以看出，很多人在故事结尾时虽然能够注重核心观点的表达，但很容易忽略过渡语的设计。其实故事的结尾大多表现为两种状态：一是故事与结尾观点连接自然、紧密，这时只需要一两句过渡语便可以顺畅地表达观点；二是故事与结尾观点虽然逻辑相通，但语言表达上存在断点，这时就需要我们设计一些过渡语，然后再引出相应的观点，这样听众才不会感觉突兀或者莫名其妙。

　　总而言之，过渡语的设计可以从两个方面出发：一是用直接而简洁明了的语句，将故事情节引向结尾。比如"这就是我想要分享的故事……""儿子这个举动让我意识到……""接过那些零散的纸币时，我明白了……"；二是对故事的含义进行解读，通过一定的语言引出核心观点。比如"这一故事告诉我们，当我们遇到职场霸凌时，最好的反抗方式就是强大自身，用实力把迫害反击回去。而且这一故事并非只发生在职场中，在我们的生活中也十分常见……"

过渡语可以视为故事与核心观点之间的桥梁，无论这一桥梁长短、大小如何，它都是听众思维从故事内容转移到核心观点的唯一通路，所以我们在设计故事结尾时，不仅要聚焦于核心观点的凝练与表达，更要搭建好这座桥梁，让听众思维顺畅、舒适地受到核心观点的影响。

◆ **讲故事其实没有所谓的套路**

我分享各种故事技巧，是为了帮助大家更顺畅、快速以及轻松地构建有效故事，而不是让大家产生构建故事的思维定式。讲故事其实没有所谓的套路，虽然故事的结构框架、线索定位、观点凝练是为了充实故事的"血肉"，但故事的魅力、风格以及外貌往往在于讲述的细节处理，所以我希望大家在有效故事的基础框架上，充分发挥自己的能力，打造属于自己的独一无二的有效故事。

我们再回顾一下故事的BME结构框架，如表4-1所示。

表 4-1 故事的 BME 结构框架

结构	情节	故事内容
开始	铺垫引言	为引出故事做合理铺垫
中间	背景	故事情节必须交代的背景信息
	冲突	具体的困难、障碍、问题等
	行为	故事人物的行为、对话、动作等
	结果	事件的结果
结尾	过渡语设计	从事件到观点的转折
	核心观点表达	讲述者想要表达的精辟观点

这一框架是有效故事的基础模板，我们可以根据它来组织、构建故事。但同时要明白，这只是故事的基础框架，我们还需要修饰、完善故事的外在表现形式。我们可以根据自己的观察、经历、情感、洞见将相同的故事塑造出不同的外在表现形式，这就是"讲故事其实没有所谓的套路"的合理诠释。

在使用故事的BME结构框架时我们需要注意，起点并非从第一行开始，而是将最后一行作为第一行，然后再回到第一行设计铺垫引言，即我们需要从故事的核心观点出发，系统思考故事的每一个设计环节。比如核心观点确定之后，我们便可以逐步明确故事的背景如何设定，哪些内容需要删减；冲突的关键是什么，需要弱化什么；行为部分的具体行为如何描述，哪些行为可以忽略；结果部分如何总结，如何对应我们的核心观点。这是使用故事的BME结构框架时的正确思路。

另外，故事没有所谓的套路，背景、冲突、行为、结果的顺序并非固定，而是可以多变的。有时在构建故事时调整四个关键元素的顺序能够让故事获得神来之笔。比如我们可以用倒叙的方式讲述故事，以一种震撼的结果吸引听众的注意，然后再逐渐展开背景和冲突。或者把冲突元素放到故事的开端，引发听众的好奇心和关注。这样的调整不仅可以增强故事的吸引力，还可以让我们更灵活地表达自己独特的视角和深刻的见解。

当我们把真实、独特、富有感情的自我，注入故事的每一个环节中，那么我们讲出的故事，一定会充满力量，让人难以忘怀。这便是能准确表达我们个人观点，贴合听众需求的有效故事。

> 我不想让你成为专业编剧，只想让你成为一个会讲故事的人。
>
> ——赵金星

练习：利用故事的 BME 结构框架拆分你的故事

为了帮助大家掌握有效故事的BME结构框架，下面我分享一个我国首届"北京榜样"称号获得者邓小岚的故事，然后我们一起根据有效故事的BME结构框架对故事进行拆分。

故事：

马兰是一个位于河北省阜平县城南庄镇西部深山区的小村庄，这里虽然环境艰苦，条件落后，却诞生了一位感动全国十几亿人的杰出女性——邓小岚。

1943年，邓小岚出生于马兰村，由于父母工作繁忙，她出生后就被寄养在当地村民家中。这段童年经历让邓小岚和马兰村结下了深厚的情谊，也让邓小岚对马兰村眷恋不已。

2003年清明节，已经阔别马兰村几十年的邓小岚回到村中为烈士扫墓，她遇到马兰小学的20多名小学生也来扫墓。看着这些质朴天真的孩子，邓小岚提出想和他们一起唱国歌。但让她没想到的是只有少数孩子能哼唱出国歌的旋律，大多数孩子显得羞怯、躲闪。问及原因，大多数孩子表示他们没有听过国歌，平时接触的音乐也十分有限。

邓小岚十分惊讶，她没有想到孩子们的生活如此匮乏，她坚信音乐是孩子成长中不可或缺的内容，也是打开人类心灵的钥匙。自此，邓小岚决定定期回马兰村教孩子们学习音乐。

最初，没有人相信邓小岚真的会来教孩子们音乐，他们认为村子条件艰苦，邓小岚坚持不下来。但令人没想到的是，她一坚持就是十八年。当时，阜平的高速公路尚未修通，从县城到马兰村的道路泥泞不堪。邓小岚从北京到马兰需要辗转一整天。但即便是这样的条件，她从未放弃，每年坚持到马兰村支教20多次，十八年来邓小岚来回奔波了20多万公里。

当有人问起为什么要这样做时，邓小岚回答："马兰是我的家乡啊，我做这件事很快乐，我一点不觉得累。"

十八年来，邓小岚为孩子们做的不仅是教授音乐知识，她还在北京为孩子们筹集资金，购买手风琴、小提琴等乐器。当孩子们手捧那些在电视中才能看到的乐器时，都激动得跳起来。渐渐地，马兰村有了音乐器材和音乐教师，邓小岚教会了孩子们认识五线谱、演奏乐器、唱歌等，曾经在山里疯跑的孩子们的生活丰富多彩起来。

2006年，邓小岚带着孩子们成立了马兰小乐队。2008年，她自费带孩子们到北京参观天安门。2010年，马兰小乐队登上了第四届中国优秀特长生艺术节开幕式的舞台。就这样这群山村孩子的视野越来越广阔，人生阅历越来越丰富。

2022年2月4日，在北京冬奥会开幕式上，44名穿着虎头鞋的阜平孩子组成了"马兰花儿童合唱团"，他们用希腊语演唱的《奥林匹克颂》惊艳了世界。音乐成为山里孩子打开新世界的一扇门，而邓小岚就是这扇门的钥匙。十八年来，邓小岚不仅关心着马兰村的孩子，同样照顾着村里的村民，她长期帮助村民从北京带药，为学校捐献物资，解决村民的各种难题。村民们称："邓老师把所有的牵挂和关爱都留给了马兰，是我们永远的亲人。"

然而，2022年3月19日下午，邓小岚在马兰村为音乐节做准备时，突发脑血栓，经抢救无效，于3月21日晚离世，享年79岁。邓小岚用音乐和无私的奉献打开了一扇通往新世界的门，为马兰村的孩子们带来了无限可能。她所传递的，不仅是音乐之美，更是对家乡、教育、人生的承诺。在她离世前，她把最真挚的祝福写在纸上，留在了马兰村家里的案头："祝愿勤劳、朴实、热情的马兰人民，用自己的双手把家乡建设得越来越美好，红旗飘舞，绿水青山，鲜花遍野，歌声飞扬……"她的一生是一首奉献和爱的赞歌。她告诉我们：心有多大，世界就有多大。

按照有效故事的BME结构框架对故事进行拆解。

1. 开始：引言

一个人的人生成就与出身、境遇没有太大关系，信念才是丈量人生高度的最好标尺。今天，我要给大家分享触动全国人民心灵的杰出女性——邓小岚的故事。

2. 中间

（1）背景

1943年，邓小岚出生在马兰村，由于父母工作繁忙，她被寄养在当地村民家中，她与马兰村有着深厚的情谊。

（2）冲突

2003年清明节，邓小岚回到村中为烈士扫墓，看到质朴天真的孩子，提出想和他们一起唱国歌。但她发现只有少数孩子能哼唱出国歌的旋律，大多数孩子们表示他们没有听过国歌，平时接触的音乐十分有限。

（3）行为

邓小岚决定定期回马兰村教孩子们学习音乐。她坚持每年回马兰村支教20多次，十八年来邓小岚来回奔波了20多万公里。邓小岚为孩子们筹集资金，购买音乐器材，并教会了孩子们认识五线谱、演奏乐器和唱歌等。

（4）结果

2006年，邓小岚带着孩子们成立了马兰小乐队。2008年，她自费带孩子们到北京参观天安门。2010年，马兰小乐队登上了第四届中国优秀特长生艺术节开幕式的舞台。2022年2月4日，在北京冬奥会开幕式上，44名穿着虎头鞋的阜平孩子组成了"马兰花儿童合唱团"，他们用希腊语演唱的《奥林匹克颂》惊艳了世界。

3. 结尾

（1）过渡语设计

邓小岚用音乐和无私的奉献打开了一扇通往新世界的门，为马兰村的孩子们带来了无限可能。她传递的不仅是音乐之美，更是对家乡、教育、人生的承诺。

（2）核心观点表达

她的一生是一首奉献和爱的赞歌。她告诉我们：*心有多大，世界就有多大。*

第五章

◇◇◇◇◇◇◇◇◇◇◇◇◇

把握黄金三角
让故事光彩夺目

一幅完整的故事画卷是由细致入微的笔触、精彩纷呈的色彩和节奏明快的构图组成的。在故事的世界里，我们将其称为故事的"黄金三角"，即代入感、画面感和节奏感，以及关键的"那一刻"。

01

讲好故事的黄金三角

一个感人的故事需要巧妙的讲述技巧，才能够发挥最大作用，实现影响听众、改变听众的目的。在分享了如何构建、设计有效故事的方法后，本章主要分析如何让自己的故事表现得光彩夺目。

下面，我们先来分享一个真实的故事。在江苏省苏州市吴江区平望镇，有一家规模不大的相册工厂，全厂43名员工中有30多名是残疾人，而工厂的老板也是一位脑瘫患者。但就是这样一家主要由残疾人组成的工厂，平均年营业额超过1000万元，并且是远近闻名的残疾人扶贫创业基地。

工厂老板名叫陆鸿，他在10个月大时不幸患上了病毒性脑炎，并留下了严重的后遗症——小脑神经失常。这导致他的肢体和表情无法正常控制，头长期不由自主地摇晃。小时候，他总会引来异样的眼光，上学后更是受到同学的嘲讽。

初中毕业后，没有一家企业愿意接纳陆鸿，甚至有一家企业负责人对陆鸿的母亲说："你儿子这副样子，连条狗都不如。"这句话像一把尖刀深深地刺入陆鸿的心中。

就在这个艰难的时候，陆鸿的父亲又不幸身染重病，不久后离世。家里失去了主要劳动力，这让拮据的家庭雪上加霜，更使陆鸿脆弱的内心遭受重创。当所有人都认为，陆鸿这一生毫无希望时，他对母亲说："父亲走了，我就是家里唯一的男子汉，我一定会照顾好您，照顾好家庭。"

然而，生活的磨难并没有击垮陆鸿。为了帮助母亲撑起家庭重担，他摆过摊，开过电话亭，卖过碟片，生活极其辛苦，收入十分有限。

后来，一次偶然的机会，陆鸿学会了摄影，并开了一家照相馆，最初那段时间，十个进入相馆的顾客九个会选择离开，因为没有人相信一个脑袋晃来晃去的脑瘫摄影师。为了留住顾客，陆鸿不得不向顾客承诺，如果不满意可以免费重拍，这才使他的生意有所好转。

为了经营好照相馆，他苦练修图技术，在修图技术尚未普及的年代，他的修图能力已经成了他的招牌，甚至有很多其他城市的顾客慕名而来。

2007年，陆鸿开了自己的第一家相片冲印网店，当时正值互联网发展的高速时期，陆鸿就这样收获了第一桶金。随着网店的订单越来越多，他发现了新的商机，于是相册工厂应运而生。

工厂开业那天，陆鸿做的第一件事就是给父亲上香。父亲病重时，曾数次想要放弃治疗，只为把家里的积蓄都留给他。那时，陆鸿觉得自己是这个家的累赘。而此刻，他特别想告诉父亲，自己没有成为家庭的累赘，他已经能够赚钱养家了，能让母亲过上好日子。

陆鸿的相册工厂开业后，他制定了一条招聘原则：残疾人优先。直到今天，陆鸿的工厂依然坚持着这条原则。当有人问及原因时，陆鸿说道："作为一名残疾人，我在人生的路上遇到过光，现在我也想成为光。我想向所有人证明，只要给我们机会，我们同样可以做得很好，甚至更好。"

从别人口中的"傻子"，到众人皆知的"中国阿甘"，从默默无闻的残疾人，到年营业额超千万元的创业者。陆鸿用自己的实际行动，为无数残障人士照亮了前行的道路。他是沐浴阳光又化作阳光的温暖者，用残破身躯撑起了一个伟岸的世界。

这是一个真实的故事。我相信，在这个故事中我们跟随陆鸿生活的轨迹，体会到了他悲惨无助时的绝望。当看到陆鸿在逆境中坚持不懈、永不言弃时，我们又产生了敬佩之情；当看到他的成功时，内心同样喜悦。这就是有效故事的代入感，也是故事带领听众共享主人公经历和情感的效果。

在对陆鸿故事的细节描述中，我们仿佛看到了他不停摇头，起身走入那个主要由残疾人组成的工厂的画面。无论是陆鸿的身体状况，还是他所经历的社会歧视，以及他为生活奋斗的艰辛，都被生动地展现出来。这些强烈的视觉效果就是故事带来的画面感，也是故事让人物、环境、情节在听众脑海中生动和具象的主要方式。

故事开篇，陆鸿经受了困苦和挑战，然而，在毅力和决心的驱使下，他的故事节奏逐渐加快，我们看到他的生活开始有了改变。随着情节的发展，陆鸿的成功和成就愈发显著，他如何通过自己的努力帮助其他残障人士，将故事推向了高潮。这种节奏感让听众保持了持续的兴趣和紧张感，使他们的情绪被充分调动，让他们的情绪跌宕起伏。

◆有效的故事都有共性

故事没有固定的套路，但有效故事却有共性。有效故事能够让听众自然而然地跟随讲述者进入故事世界，在脑海中根据故事的描述想象各种画面，听众的思绪也会跟随故事节奏起伏，这就是有效故事的共性，也是讲好故事的基础。我将其定义为讲好故事的"黄金三角"，如图5-1所示。

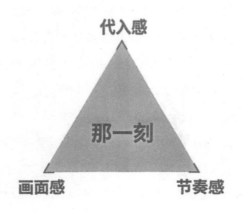

图5-1 讲好故事的"黄金三角"

讲好故事"黄金三角"中的三个要素——代入感、画面感和节奏感，相互影响，相互渗透，构成了讲好故事的基础。每个要素都在故事中发挥着重要作用，而且三个要素缺一不可。

代入感是指听众对故事的参与感，它可以激发听众对故事的共鸣和理解，使听众感同身受，从而增强故事的吸引力。

画面感是指故事的形象化表现，它可以让听众在心中生成具体的画面，从而更深入地理解故事的情节和主题。

节奏感是指演讲者在讲述故事时的节奏，是一种口述的状态。它决定了故事的动态变化，包括情节的推进、转折和高潮等。好的节奏感可以使故事更具生动性和张力，增强听众的阅读体验。

这三个要素是讲好故事的基石，没有它们，故事就可能变得单调和枯燥。同时，这三个要素也是相互关联的，它们共同构成了故事的肌肉，使故事生动、有趣、引人入胜。

总的来说，要想讲好故事我们就一定要让故事具备这三个要素。运用好这三个要素，我们的故事才能生动、有吸引力、有深度，触动听众的心弦。

◆所有故事都是由"那一刻"组成

如果问一个有效故事让人印象最深的是什么？我相信一定是关键的"那一刻"。所谓的"那一刻"，可以是一个画面，一个人物，甚至是某个物品。正是"那一刻"的存在，我们才能够在脑海中慢慢回忆起精彩、难忘的故事。

我经常对朋友、学员说，所有故事都是由"那一刻"组成的，"那一刻"对听众的影响巨大。回忆"那一刻"的触动，听众可以瞬间在脑海中重构故事的全貌。故事中其他重要、感人的瞬间也会随之出现，所以"那一刻"既是故事中最重要的部分，也是故事中影响力的集合。

另外，"那一刻"虽然在时间上可能只是一瞬，但在故事的意义和影响力上，却持久和深远，它引发的是一系列连锁反应。

例如，1998年6月15日NBA总决赛第六场，芝加哥公牛客场挑战犹他爵士，终场前37.1秒，公牛依然落后3分。这时全场所有观众都心弦紧绷，紧张的氛围让人几乎窒息。

公牛队拿到球权后，乔丹快速上篮得手。随后直接抢断卡尔·马龙，这是公牛队在绝境下抓住的反超良机。终场前17秒，乔丹面对拉塞尔的防守，做出了惊艳众人的假动作，直接晃飞拉塞尔，随后果断中距离跳投出手。在乔丹起跳的那一刻，全场观众都不自觉地站了起来，鸦雀无声，直到篮球应声入网，完成绝杀，全场瞬间沸腾。

公牛以87：86险胜爵士，以大比分4：2战胜爵士队，乔丹率队第二次实现了三连冠，第六次获得FMVP。他全场独得45分，同时还有1个篮板、1次助攻、4次抢断的出色表现。而这场比赛中，乔丹的最后一投，堪称封神之举，也成了NBA的经典画面。

乔丹投球的"那一刻"时至今日依然是NBA中难以超越的经典画面，也是篮球历史上，甚至世界体育历史上最令人难以忘怀的瞬间之一。乔丹展现的毅力、决断和卓越，成了一个永恒的故事，深深铭刻在每一个观众的心中。

从乔丹的故事中我们能够看出，故事的"那一刻"是全篇的精华所在，它改变了人物的命运，推动了情节的发展，甚至改变了听众看待世界的方式。

关于故事的"那一刻"我们需要明确以下几点。

（1）有些故事的时间跨度较大，这类故事往往需要由多个"那一刻"构成。

（2）每一个"那一刻"就如同一根钉子，把故事牢牢地钉在听众的记忆中。

（3）在企业文化或商业经验的传播中，故事的"那一刻"具有持久的影响力。听众在未来会遇到与这个瞬间相似的情况，这时他们会想起故事中的人物以及他们的应对方式，从而让故事产生深远的"未来影响力"。

总之，一个成功的故事不仅需要具备代入感、画面感和节奏感，还应该有一个或多个"那一刻"。"那一刻"是故事的灵魂，它们赋予了故事张力和深度，激发了听众的共鸣，并让听众永远铭记。

02

代入感：没有代入感，故事无法生效

有效故事能够把听众带入一个全新的世界中，让其与故事主角同悲共喜。这种身临其境的体验，我们称为"代入感"。代入感是故事生效的必要条件，是讲好故事的首要任务。

代入感的形成与故事的生动性、真实性和关联性密切相关。故事讲述者把故事场景细致入微地描绘，把人物性格鲜明且富有深度地彰显，以及将故事主题与生活经验产生联系，都是为了带领听众在不知不觉中深入故事的世界，感受故事中的各种情绪和冲突。

所以，我们在构建、讲述故事之前要增强故事的代入感，只有代入感足够强烈，听众才会在不知不觉中跟随我们的思绪，增强认知，改变观念，付诸行动。

下面，我从能够影响故事代入感的要素出发，与大家探讨如何提高故事的代入感。

◆时间和地点的重要性

在打造故事的代入感时，时间和地点的设定起着至关重要的作用。因为时间和地点是营造故事现场感和真实感的必要元素，它们能将听众带入故事的具体场景中，使听众身临其境，进而加深对故事内容的理解和感知。

例如，比较以下两句话，"有一次，我和同事去饭店吃饭"与"上周五，我和同事去海底捞吃饭。"显然，第二句话包含的信息更多，在事件、地点的代入下，听众可以更明确地记忆内容。

时间设定在故事中扮演着画面建构者的角色，它可以帮助我们理解故事中人物的处境和心理状态，营造故事的紧张氛围。例如，在讲述一个重要的人生转折点时，明确指出"2008年5月12日，当时我在……""2020年1月23日，我收到一条来自武汉的短信……"这样的时间设定，可以在听众心中描绘出一个紧张而生动的画面，使听众的心跳随着故事的发展而起伏。

其次，地点设定是故事情境的载体，它可以帮助听众建立与故事的空间联系，从而增强故事的真实感。如果我们在讲故事时忽略地点的重要性，会直接导致故事的代入感弱化。千万不要小看地点的作用，它可以在听众脑海中丰富画面感，增强故事的真实感。例如，"上个月我去旅游"和"上个月我去成都旅游"，后者的代入感、画面感明显更加突出，因为听众会因为"成都"一词瞬间脑补出丰富的画面。这就是一个具体的地点设定能让听众置身于故事中的主要表现。

对故事时间和地点的细节进行精心设计和突出，就像为故事赋予了生命，使它变得更加鲜活和真实。只有当听众在心中构建出一个具体的故事场景，他们才能够更深入地理解故事，更强烈地感受故事传递的情绪，从而进一步增强对故事的代入感。所以，我们在讲故事时一定要充分利用时间和地点的设置，让故事变得更加生动、真实，帮助听众更好地融入故事，提升故事的感染力。

◆ 关键人物的设定

要提升故事的代入感，关键人物的设定至关重要。故事中的人物不仅是听众情感共鸣的桥梁，更是听众在脑海中构建故事情节和故事画面的主要身份。有些人讲故事时喜欢提及一个团队或者以某个群体作为故事主角，这很难让听众在故事中准确找到自己的位置，导致产生的情感连接有所降低。

为了构建有效的故事代入感，我们必须设定一个关键人物，一个能够代表故事核心的人物。这并不意味着我们要像写小说那样详细地刻画人物的每个细节，但我们要确保听众可以与这个人物产生情感上的连接。

需要注意的是，讲述故事有时间要求，我们不能因为人物细节描述而浪费大量时间。所以构建故事时我们需要尽量减少人物数量，人物数量过多，不仅要占用大量时间，而且人物间的逻辑关系、故事线索都会变得复杂。如此"烧脑"的故事只会降低听众听故事的意愿。

当然，如果故事情境需要，我们也可以有针对性地对故事人物进行描述，以此彰显他的个性或进行故事铺垫，这样的描述有助于增强故事人物的深度，使故事更加真实、引人入胜。

例如，我在阅读《乔布斯传》的时候，因为书中人物的合理设定产生了强烈的代入感。作者沃尔特·艾萨克森（Walter Isaacson）在书中对乔布斯的性格进行了细致描述。他把乔布斯定义为一个充满激情且执着的人，甚至有时执着得让人难以相处。正是这种性格让我理解了乔布斯为何在追求完美的过程中与团队、朋友经常产生摩擦，了解了为何他能够创造出令人惊叹的奇迹。

总而言之，要让故事有代入感，关键人物的设定一定要用心，因为这一人物不仅是故事的主角，更是听众情感共鸣的通道与载体。只有关键人物设定成功，我们的故事才能够引人入胜，才能够打动他人。

◆情感时刻

情感是开起我们记忆之门的钥匙，是我们在故事中寻找意义和联系的桥梁。故事中强烈的"情感时刻"能够刺激听众的大脑，使其更容易记住故事中的信息。但它不仅在于故事情感氛围的营造，更在于故事关键人物在面对重大事件时的情绪波动。

人的大脑每天需要处理大量的信息，因此它必须选择性地忽略一些无关紧要的信息。然而，当我们遇到强烈的情感，如快乐、悲伤、愤怒、恐惧等刺激时，大脑会立刻对其进行处理，因为这些情感对我们的生存具有重要意义。它们可能是警告我们避开危险，或者指引我们关注某些事物。因此，将这些情感刺激融入故事中，就可以吸引听众的注意力，使他们更加专注于故事的发展。

例如，2020年我在为一家企业培训时，一位学员讲述了这样一个故事，她和父母一起到欧洲旅行，但在回国时，因为体温过高被禁止登机。尽管她向我们描述了这次回国的重要性，但故事讲完后，大多数听众表示没有感受到她急迫的心情。

我告诉她，这个故事题材非常好，但讲述过程中缺少了情感时刻的描述。回国的重要性、登机的紧迫性并不能仅靠直白的语言描述来凸显，更需要她通过情感描述来衬托。她可以在描述关键情节时加入自己的内心情感状态，在得知自己的体温升高时，内心的纠结，如果真的生病了怎么办？当第二天自己的体温更高时，她双手颤抖，满脸通红，焦急的情绪让眼泪不自觉流了下来，同时，内心充满了对年迈的父母的担忧。这些内心情感如果在故事中有所体现，听众会更容易产生共鸣，更容易接受她想要表达的观点。

因此，故事中的关键人物不仅要经历各种情况，还应该在关键时刻表达他们的内心感受。这不仅会让故事更加丰富，而且会增加听众的代入感。

总的来说，情感不仅是故事的加分项，更是故事代入感的关键元素。通过营造故事的情感时刻，可以显著增加故事的代入感，使听众更容易接受和记住故事的信息。如此，我们才能更有效地传达我们的信息，使故事产生更大的影响力。

> 没有代入感的故事，如同电影已经开始，但观众却还没有入场。
>
> ——赵金星

03

画面感：画面感越强，影响力越大

　　画面感，如同电影导演精心设计的镜头，如同画家手中细腻的画笔，是塑造故事生动感的重要元素。它的存在，能够在听众的脑海中勾勒出一幅生动的画面，引领听众更直观、更精彩地感受故事，更深入地体验其中的情感和冲突。只有充满画面感的故事，才能够让听众身临其境，进而引发他们的共鸣，使故事产生深远的影响。

　　同时，画面感也是故事影响力的加速器。没有画面感的故事很难塑造出关键的"那一刻"，自然无法引发听众的情感共鸣，无法有效地传达信息。而拥有丰富画面感的故事，则会让听众不由自主地投入其中，体验其中的情感和冲突，更轻松、更有效地记忆"那一刻"。

　　所以，我们在讲述故事的时候，一定要注意营造画面感，让听众能够在脑海中勾勒出故事的画面，使其能够更深入地理解和感受故事的内容。接下来，我从影响故事画面感的关键要素出发，与大家探讨如何增强故事的画面感。

　　◆画面感越强，影响他人做决策的概率越大

　　在前面的章节中我曾讲过，人类的决策并不是完全基于逻辑和理智的，很大程度上也受到情感的影响。而故事的画面感恰恰是触动听众情感，激发其想象力的关键，所以在讲故事时，画面感越强，影响他人做决策的概率越大。

著名的心理学丹尼尔·卡尼曼在《思考，快与慢》一书中提出，人类的思考分为两种模式：快速思考和慢速思考。快速思考基于直觉和情感，常常受到画面感的影响。当故事中的画面感足够强烈时，听众更容易产生共鸣，从而受到这种直觉思维的影响。这种影响往往更深入，更持久。慢速思考则基于逻辑和理性的分析。虽然画面感对这种思考的直接影响较小，但强烈的画面感可以吸引听众的注意力，使他们更愿意深入思考故事中的信息。

无论是快速思考还是慢速思考，画面感都可以增强听众的思考深度，而深度思考引发的正是决策的改变。这也是画面感越强，影响他人做决策的可能性越大的基本逻辑。

例如，一个有着丰富画面感的故事，可以将听众带到一个全新、充满无数可能的世界。听众能够深入故事的世界中，体验其中的情感和冲突，感受奇幻世界带来的乐趣。这种深入的体验会让听众产生深深的共鸣，使他们更加信任和接受故事中的信息。

当听众在心理上接受了故事中的信息和情境，他们的决策便会受到更深影响。听众会被故事中的理念所吸引，开始考虑自己是否应该采取与故事相符的行动。在这种情况下，画面感的强弱直接决定了故事能否有效地影响听众的决策，从而达到故事的目的。

◆对话描述

我发现，很多人在讲故事时，对故事中人物的对话情节不够重视。殊不知，人物的对话描述恰恰是营造故事画面感的关键。如果我们将对话内容、情景进行深入、细致的修饰调整，则可以大幅增强对话呈现的画面感。

比如在一个关于友情的故事中，主人公是两个从小一起长大的好朋友，他们在登山的冒险中体验到了命悬一线的紧张刺激，这次经历加深了他们之间的友谊。如何通过对话内容、情景的修饰来增强故事的画面感呢？

如果我们只是讲述："他们一起翻越一座险峰时非常害怕，但是他们互相鼓励，相互支持，最终有惊无险地翻越了山峰。"这样的叙述，虽然描述了基本的情节，但是缺乏画面感和情感色彩。

如果我们换一种方式，用详细的对话情节来描述，那么故事就更具画面感，更能吸引听众。面对这座险要的山峰，他们在山腰处停下，急促地呼吸，一个人咬牙说道："我有点害怕，要不咱们回去吧。"另一个人看着他，笑了笑，回答："我也是。但我更相信咱们能一起征服它。"两人相视一笑，眼神坚定地继续攀登。

通过对话，我们将主角的心理状态和感情以更为真实的方式展现出来，让听众能够更好地理解他们的感受，从而增强了故事的画面感。对话是非常有力的工具，能够让我们的故事更加鲜活，更加引人入胜。

在设计故事的对话情节时，我们要明白一个重要的原则：展现而非讲述。这意味着我们在讲故事时，不只是简单地复述事实，而是要尽可能地再现人物的经历和情感。对话就是再现人物经历和情感的最好工具。通过对话，我们可以让听众看到真实的人物，听到他们的声音，感受到他们的情感。对话可以让人物和情节从纸面上跃然而出，让听众仿佛看到了一个真实的世界。

另外，对话也是人类讲述故事最自然的方式。我们日常生活的交流大多通过对话进行。当我们在故事中加入对话时，听众会感到故事更自然，更真实，从而更容易投入故事中。此外，对话还可以把事实变成一个对现实有影响的故事。人们可以在对话中表达他们的感受，分享他们的想法。当我们引用他人的对话时，我们就是在分享他人的想法和感受。这样的对话让故事充满了感情色彩，使故事更有影响力，更能吸引听众的注意力。

在构建故事对话情节时，我们需要注意以下两点。

一是在简短的故事中，对话不能太多。比如曾有一位学员讲述了一个6分钟的故事，故事中包含了大量的人物对话，这样的故事让人感觉语言啰唆，情节混乱。所以，简短的故事中只需要构建关键人物的对话即可，我们需要站在听众的角度思考对话情节的构建效果。

二是故事的对话有两种：一种是故事中人物与人物之间的对话；另一种是单独

人物的内心独白。这两种对话都可以增强故事情节的精彩程度，但不必刻意追求两种对话形式并存，否则可能会导致故事烦冗，带来不必要的信息干扰。

对话能够让听众配合我们故事讲述的节奏，停顿在关键的瞬间，尤其在对话信息极其重要时，听众还会因为一句对话陷入更深层次的思考。

所以，我们在讲述故事时，应当巧妙地利用对话，增强故事的画面感，从而吸引更多的听众，更好地达到讲故事的目的。

◆特定细节描述

一个有效的故事，要能够在特定细节处进行详细描述，因为这些细节越突出，听众在脑海中构建的画面越全面，越生动，越真实，从而对听众的影响越深。尤其在两个人就同一个问题表达不同观点时，故事中的特定细节越突出，故事的信服力则越强。

国际心理学畅销书作家奇普·希思和丹·希思在《让创意更有黏性》一书中讲述了一个"陪审团与黑武士"的故事。这个故事讲述的是在一场法庭审判的模拟实验中，两组实验人员扮演陪审员，对约翰逊太太是否适合继续抚养7岁大的儿子进行评估。

法庭记录被故意设计为辩护双方旗鼓相当的局面，两组陪审团听到的证词内容完全相同，唯一区别是各项证词的细节程度。第一组陪审团听到的证词中，对约翰逊太太有利的内容进行了特定细节的突出；第二组陪审团听到的证词中，对约翰逊太太不利的内容进行了特定细节的突出。

例如，第一组陪审团听到的一条证词是约翰逊太太在儿子每晚睡觉前都会看着孩子用一把黑武士达斯·维达（《星球大战》中角色）的牙刷刷牙，而第二组陪审团听到的证词则是约翰逊太太每晚睡觉前都会看着儿子刷牙和洗脸。

第一组陪审团听到的证词是有一天孩子来到学校时手臂严重擦伤，约翰逊太太并没有为孩子清理和处置伤口，后来是由学校护士帮助孩子清理的伤口。而第二组陪审团听到的证词则是有一天孩子来到学校时手臂严重擦伤，约翰逊太太并没有为孩子清理和处置伤口，是学校护士为孩子清理的伤口，清理伤口时，护士不小心把红药水弄到了衣服上，护士服都被染红了。

实验结果显示，第一组陪审团58%的人支持约翰逊太太继续抚养孩子，而第二组陪审团中只有43%的人支持约翰逊太太继续抚养孩子。细节虽然与案件没有直接关联，但它的确影响了判决结果，原因在于特定的细节描述有效增加了证词的可信度，正如第一组陪审团听到黑武士牙刷的细节时，很容易联想到小男孩在浴室刷牙的画面，这一画面恰恰增加了第一组陪审团对约翰逊太太的好印象。

由此可见，细节在故事的作用是举足轻重的。在故事中，无论是涉及人物性格的细微描述，还是对环境、氛围的特定细节描写，都能让听众更轻松地营造出画面感，让听众更容易接受和信服故事的内容。

特定细节的描述，就像照片中的色彩，它们共同构建出一幅精细、逼真的画面。故事中的街头巷尾、田间地头，甚至科幻的未来世界，都是通过细节描述在听众脑海中呈现画面的。

但是，如何平衡细节的描述，既不烦琐，又不遗漏关键部分呢？我的经验是，对于那些与故事核心观点联系密切的细节，我们应该重点描述，因为它们对支撑整个故事的观点具有重要作用。反之，如果某些细节与故事的核心观点关联度不高，那么过多的描述可能会让听众感到困惑或者失去耐心。

所以我们需要结合剧情，在关键且重要的特定环节进行细节描述。至于细节描述的技巧和方法，我为大家进行了如下总结。

1. 环境的细节

环境细节是用于强化某些关键情节或背景的交代的。例如，他站在昏暗的车站，等待最后一班地铁。车站的广告灯闪烁不定，似乎随时要熄灭，四周只有连绵的雨声，却不见其他等车的人。这样的环境描述为随后发生的剧情做好了充足的铺垫。

2. 动作的细节

动作的细节能将听众带入现场，目睹故事发生的瞬间。例如，外婆紧握我的手；小女孩跳起来试图抓住绳子；他在坐地铁上，用食指小心地遮挡住手机的摄像头。这些动作不仅生动，更带有强烈的情感色彩。

3. 表情的细节

人的表情是情感的直接反映，故事中一个简单的微笑、皱眉或疑惑的目光都可以为情节增添深厚的情感基础。

4. 实物的细节

与日常生活中接触的物品相关的描述，可以增强故事的亲近感。这种描述不需要过多的修饰词，以免使听众产生距离感。我们追求的是，当听众听到这些描述时，他们可以立刻在脑海中浮现相应的物品。

一个好的故事如同一部电影，让听众在听的过程中，脑海中能够浮现出生动、清晰、具体的画面，这样才能真正触动听众的心灵，实现我们讲故事的目的。

> 故事的画面感恰恰是触动听众情感，激发其想象力的关键，所以在讲故事时，画面感越强，影响他人做决策的可能性越大。
>
> ——赵金星

04

节奏感：有节奏的故事让听众流连忘返

我在前面多次强调，故事不是发生在讲述者的口中，而是发生在听众的脑海里。因此，就讲故事而言，听众才是主体，讲述者需要配合听众的状态调整讲述节奏，而这就涉及故事的节奏感。

一个节奏感把控得当的故事，不是指讲述者进入了慷慨激昂的状态，而是讲述者配合听众，持续引领听众思绪。时而激昂热烈，时而静如止水，让听众沉浸在故事中。这样的故事，才能让听众如醉如痴，让听众在故事的海洋里忘记时间的流逝。

作为故事的讲述者，我们在打造这样的节奏感时，不应忘记我们的角色。我们并非这个过程的主导者，而是听众的服务者。听众才是这个过程的主体，他们是故事的接受者和体验者。所以，我们需要与听众保持同步，我们要留给听众时间和空间来消化、理解、想象故事中的信息。我们要时刻观察对方的状态，倾听他们的反馈，关注他们的反应，以此来调整我们的节奏，确保听众在故事中找到共鸣。

精准的节奏控制，可以让我们的故事变得更生动，更有张力。在故事节奏的有效把控下，故事才能持续触动听众的心，让他们在故事中看到自己，感受到自己。

下面，我们将详细探讨，什么是故事的节奏，以及如何控制故事的节奏，从而提升故事的讲述效果。

◆什么是故事的节奏

我们在描述一个惊心动魄的故事时，喜欢用跌宕起伏、张弛有度等词语，而这恰恰是故事节奏带给我们的感触。故事的节奏，不仅是剧情发展的节奏，更是讲述者表达的节奏。如果讲述者用一成不变的腔调、节奏讲述故事，那么这样的故事会很乏味。

从学术的角度来分析，节奏是指人类、社会、自然的一种有规律的变化。在故事中则表现为情节发展的快慢、矛盾冲突的高低起伏以及紧张情绪的舒缓交替等。在讲述故事时，只有把握好故事的节奏，才能确保听众获得良好的体验。故事的节奏包括两个方面：一是故事的内节奏，即故事本身各个构成部分之间的起承转合、张弛变化、交替融合等；二是故事的外节奏，即讲述者的表达节奏、语言节奏等。只有内节奏和外节奏保持统一，才能够让听众与讲述者共同进入最佳状态。

我们千万不要忽视故事节奏的重要性，也不要将其视为一种简单的语言技巧。因为从故事节奏的作用来看，它在叙事的各个层面都有着重要作用，影响着故事的吸引力以及情感的传递。

1. 故事节奏决定故事走向

例如，在电影《海上钢琴师》中，导演通过精心设计的故事节奏，引领观众一同体验主角生活的起伏变化。起初以轻松的节奏描述主角的童年，到后期通过渐快的节奏揭示主角与世界的矛盾冲突，最后又通过缓慢的节奏让观众共享主角的哀伤和孤独。由此可见，故事节奏决定了故事的走向，而且影响着观众的情绪。

2. 故事节奏控制着听众的思想"电梯"

例如，马丁·路德·金（Martin Luther King）的演讲《我有一个梦想》，节奏变化有致，高潮部分语速加快，引领听众的思维跟随他的话语起伏，如同坐电梯一样，上升到理想的高度。

3. 故事节奏决定着故事情节的状态

例如，在商业演示或产品推介中，经常会看到，讲述者在描述问题时使用缓慢而低沉的节奏，让听众深刻了解问题的痛点。而在介绍解决方案时，则加快节奏，展现解决问题的迅速和效率，让听众感受到解决方案的强大和有效性。这种节奏的变化，可以使听众对问题和解决方案产生更深刻的印象。

4. 故事节奏调控着听众的心跳

在日常的工作汇报或团队分享中，故事的节奏对听众的感受起到关键作用。在描述一个重要决策或关键转折时，可以适当放慢语速并设置停顿，让听众有时间沉浸其中，在我们揭示结果时，会更有冲击力。相反，当我们描述轻松愉快或成功的时刻时，加快节奏并使用活跃的语言，则可以帮助大家感受到那份快乐和喜悦。如此，我们不仅传递了信息，更引导了听众的情绪，使他们更加投入故事中。

可见，控制故事节奏是讲故事的艺术表现，它既贯穿于讲故事的始末，又决定了讲述的效果。根据不同的场景和不同的故事，合理调整故事讲述的节奏，是我们需要掌握的一项技能。

◆预设"钩子"，创造未完结感

为什么有些故事明明很简短，但讲述者讲到一半时听众已失去兴趣；而有些故事长达数小时，甚至数日，但听众却对故事的发展牵肠挂肚，始终津津有味？其中，一个讲故事的技巧起到了关键作用，即故事中预设的"钩子"。

简单来说，"钩子"就是一句充满吸引力且未完结的话。在讲故事中，"钩子"是一种策略或技巧，用于引发听众的兴趣，激发他们的好奇心，驱使他们继续关注故事。它可以采取各种形式，包括戏剧性的冲突、神秘的环境、吸引人的人物或引人入胜的主题陈述等。它们都在某一时刻、某一情节或某一特定的情况下激发了听众的好奇心和探知欲，进而吸引他们继续听下去。

成功的故事讲述者都会熟练地运用"钩子"来吸引听众的注意力，并在关键瞬间将他们牢牢地锁在故事中。此外，"钩子"并不局限于故事的开头，它在故事的任何阶段都可以出现。它既增强情节的吸引力，又可以为故事注入令人紧张、兴奋的节奏感。

在信息嘈杂的数字时代，"钩子"的重要性越发突出。因为随着信息的不断丰富，人们的关注力难以持久，没有"钩子"调整故事节奏，听众很难全程跟随我们的节奏，听完整个故事。只要"钩子"设置到位，观众就会强烈期待故事的结尾，并提前在脑海中形成自己的假设，比如传统相声《扔靴子》中的"那只靴子"始终牵动着听众的注意力。

在讲故事的过程中，我们经常会发现，有时候一句简单的话语就可以引发听众的强烈好奇心。例如，"女儿和我说了一句话，让我的眼泪当时就流了下来"，"老师当时的一个举动让我记忆犹新"或者"我至今都忘不了老师和我说过的一句话。"这样的句子，往往能够激发听众去探寻后续的内容。在我的课堂上，每当提及这些句子，学员们通常都会被好奇心驱使，想要知道后面的答案是什么，这正是"钩子"的魔力所在。

总而言之，无论是故事的开始、中间，还是结尾，"钩子"都能快速吸引听众注意力，提高其持续关注度。知名说服术与心理学家罗伯特·西奥迪尼（Robert Cialdini）在《先发影响力》一书中提到了这样一段经历。

他在大学授课期间，发现上课时有一些学生的注意力不集中，导致听课效果并不理想。为了解决这一问题，他想到了一个独特的方法。每次上课，他都会提出一个有意思的猜谜问题，或者讲述一个充满悬念的故事开篇。下课时才会公布谜题的答案或者将故事讲完。有一次，他的课程内容结束时刚好下课铃响起，但在场的学生却没有离开教室的意思，一反常态，都在等待他公布上课时的谜题答案或者将故事讲完。

这个故事充分说明了"钩子"的效果。罗伯特·西奥迪尼正是通过每堂课前抛出的"钩子"，才紧紧抓住了学生的注意力。

在使用这种"钩子"时，我们需要注意以下两个关键点。

一是避免过度使用。虽然"钩子"有强烈的吸引力，但不能过多使用，否则会显得刻意，反而会削弱听众的兴趣。

二是与期待感对等。"钩子"的答案要与它所产生的期待感相匹配。如果答案让听众感到失望，那么这个"钩子"就失去了它应有的效果。

　　以上就是如何在讲故事中使用"钩子"来提升故事的节奏感的方法。我们需要注意，使用"钩子"的技巧需要灵活运用，不能过分依赖它，否则可能会让故事显得太刻意。同时，"钩子"的设置应该符合故事的整体氛围和情节。

◆设计讲述状态

　　讲述状态是指我们在讲故事过程中的表达状态，包括情绪、语调、节奏和故事的连贯性等。简而言之，讲述状态就是讲述者如何将自己的情绪、声音和节奏与故事内容相结合，以便更有效地引导和影响听众。

　　为何讲述状态能够影响故事的节奏感呢？还不仅仅是因为讲述者需要声情并茂地讲述故事，更是因为讲述者需要与听众相互配合，通过各种方式和技巧来调整自己的状态，以提高听众对故事的理解和感受。比如为了提高听众的体验感，我们可以适当对故事的某些情节进行编辑，增加故事的趣味性和可信度，让听众更容易进入故事的情境中，感受故事的氛围，这也是讲述状态设计的主要方向。

　　设计讲述状态也可以理解为讲述者根据故事的内容、目的以及听众的状态来调整讲述方式与节奏。这需要讲述者在讲故事时保持敏感度和掌控力，在讲述过程中，随时调整自己的表达方式，适应故事的转折，引导听众的情绪。同时，讲述者还需要充分了解听众的心理需求和真实状态，通过设置各种"钩子"，持续吸引听众的注意力。

　　下面，我将与大家分享一些设计讲述状态的具体技巧和方法。

　　1. 情绪的传递

　　在讲故事时，讲述者的情绪是一种非常强大的工具，可以直接影响听众的情绪。如果讲述者在描述一个激动人心的场景时，表现得兴奋和激动，那么听众也可能会感到兴奋和激动；同样，如果讲述者在描述一个悲伤的场景时，表现得沉重和悲伤，那么听众也可能会感到沉重和悲伤。因此，讲述者需要根据故事的内容和氛围，适时调整自己的情绪，引导听众的情绪。

2. 语调的运用

语调也是一个重要的工具，可以帮助讲述者更好地表达故事的内容和情绪。例如，讲述者可以通过调整语音、语调和语速，来表达不同的情绪和意图。讲述者需要灵活运用语调，以适应故事的转折和发展。有些人讲述故事时让人感觉平淡的原因就是语调过于单一，如果将故事的情节、场景用恰当的语调表达出来，那么故事的讲述效果、听众思维的带动效果也可以加倍提升。

3. 真诚的表达

真诚的表达是讲述状态中不可或缺的一部分。当讲述者能够让听众感到足够的真诚时，故事便能深入人心，听众也乐于跟随讲述者的节奏享受故事带来的感动。反之，有些人在讲故事时会美化自己，甚至编造一些故事情节，一旦听众意识到这一情况，便会立即失去听故事的兴趣，讲述者将无法再掌控故事的节奏。

我们需要正确地理解真诚。真诚不是单纯的感动情绪，而是讲述者发自内心的分享状态。我们没有必要追求故事多么令人感动，只要让听众感受到我们讲故事的诚意，便实现了真诚的表达。

我们在讲述故事的过程中，灵活运用上述方法与技巧，可以确保讲故事的主动性，确保听众的思维持续被故事吸引，确保听众的黏性不断增强。

> 我们要留给听众时间和空间来想象、消化和理解故事中的信息。
>
> ——赵金星

练习：用黄金三角分析故事

这里，我分享一个经典故事。这个故事虽然简短，但在全球范围内广泛流传，并且在100多年间，为无数人带来了启迪与激励。我们可以用黄金三角对其展开分析，从而帮助大家掌握这一方法。

故事：永不沉没的航船

100多年前，在荷兰的一场拍卖会上，英国的劳埃德保险公司斥巨资购买了一艘老旧的航船。购买这艘航船并非因为它在做工、技术等方面有任何独特之处，而是因为它承载的感人至深的故事。

这艘船是劳埃德保险公司的一位普通投保客户，它于1894年首次下水，它在变幻莫测的大西洋上历经风雨，经历138次冰山撞击、116次触礁，甚至被狂风巨浪摧毁桅杆207次，但它从未沉没。迟暮之年的它在完成最后一次航行后，被所属的公司当成废旧品送到了拍卖会上。

劳埃德保险公司之所以被这艘船深深打动，不仅因为它为劳埃德公司带来了丰富的保费收入，更因为它的坚强让所有人感到震撼。因此，公司决定从荷兰买回来这艘历史悠久的船，并将其捐赠给国家。现在，这艘船安静地停泊在英国萨伦港的国家船舶博物馆中，身上伤痕累累，已难以辨认它最初的样子了，其中最大的伤痕甚至让人误认为它是一艘被打捞上来的沉船。这艘船就这样静静地诉说着自己的传奇故事，仿佛在告诉世人：来到这里并不代表生命的结束，反而是新生的开始。

在很长一段时间内，这艘船的故事鲜为人知，只有一些去过英国萨伦港国家船舶博物馆的游客了解过它的传奇，真正让这艘船声名大噪的，是一位偶然来此游览的律师。

当时，这位律师刚在法庭上输掉了一场关键的官司，他的客户因为无法承受打击，结束了自己的生命。尽管他在职业生涯中经历过无数次的败诉，但这次败诉却给他带来了沉重的负罪感。他极度希望寻找到一种方法，能安慰那些在商业场上失意的人，能让他们在绝望时看到希望的曙光。

当他看到这艘充满传奇色彩的船时，他浑身一震，这不就是充满希望的里程碑吗？为什么不让自己的客户来参观这艘船并了解它的历史呢？于是，他将这艘船的历史记录下来，并拍照挂在自己的律师事务所里。每当有人请他辩护，无论结果如何，他总会建议他们去看看这艘船，感受它的故事。他时常对委托人说："人生就像在大海上航行，每个人都像是一艘船。每一艘船都带伤，但这才是乘风破浪的见证，是通往胜利彼岸的资本。"

自此以后，这艘船的故事开始感动世界，它向世人展示了自己坚韧不拔的精神。它告诉世人：在大海上没有不带伤的船，正如生活中没有不遭遇困难的人。只有坚韧不拔，才能战胜挑战，只有永不放弃，才能抵达胜利的彼岸。

利用"讲好故事的黄金三角"对上述故事进行分析。

代入感：这篇故事的主角是一艘历经风雨却从未沉没的航船，以及一个面临职业困境的律师。在故事开篇时，我描述了100多年前荷兰的一场拍卖会的场景，然后对这艘船的经历进行了突出描述。通过这样一个独特主角和奇特经历的描述，我将听众代入了故事中。

在故事发展的后续，我又描述了故事的另外一个主角——律师。律师的状况很容易引发听众共鸣，进而再次增强故事的代入感。通过这两次代入感的营造，我可以引导听众更直观、更深入地理解故事主题：无论何时，只要坚韧不拔，就能抵达生活的彼岸。

画面感：为了营造故事的画面感，我对这艘船的经历进行了数字描述，也对船体的伤痕进行了突出形容。在这些数字和细节的描述下，听众能够看到这艘航船被冰山、暗礁造成的伤害，能够联想到暴风雨中桅杆被折断的情景。另外，我还对律师看到这艘船时的反应进行了细节突出以及对话描述，这也为听众增强了画面感。

节奏感：在故事节奏方面，我使用了两个"钩子"，第一个是对开篇情景的描述，通过这样一个情节，引发了听众的好奇，使其产生了关注故事进展的欲望：这究竟是一艘什么样的船？由于这个故事分为前后两个部分，即船的部分和律师的部分，所以在转折时我又使用了另外一个"钩子"：一句关键的过渡，即"来到这里并不代表生命的结束，反而是新生的开始"。通过这句话，我将听众的注意力顺利从航船转向了律师。

　　一个成功的故事不仅需要具备代入感、画面感和节奏感，还应该有一个或多个"那一刻"。"那一刻"是故事的灵魂，它们赋予了故事的张力和深度，激发了听众的共鸣，并让听众永远铭记。

——赵金星

05

如何将故事技巧与故事结构完美融合

无论是讲好故事的"黄金三角",还是我们前面提到的各种故事思维,都是提升讲故事效果的技巧。这些技巧是我们强化讲故事能力的基础,但要重复体现技巧的价值,还需要一个关键的前提,即将故事技巧与故事结构完美融合。

一个有效的故事,必定是结构与技巧同步打造的结果。故事的结构为我们提供了一个清晰的框架,而技巧则为这个框架添加了色彩和深度。在故事的开头,我们需要运用技巧来吸引听众,让他们愿意踏上故事之旅。而在故事的过程中,无论是背景的描述,还是冲突的展开、行动的选择或者结果的揭示,我们都需要用技巧来强化故事的张力,增强故事的精彩程度。在故事的结尾,我们需要通过过渡语设计和核心观点表达,总结故事的主题,让听众得到满足的同时也引发深思。

接下来,我们将探讨如何将故事技巧与结构完美融合,让我们充分发挥技巧和结构的价值,达到讲故事感人、动人、吸引人、改变人的目的。

◆用故事技巧填充故事结构

其实,每种讲故事的技巧都有特定的应用情景,只有把技巧运用到合适的地方,它才能够发挥最大作用。比如"钩子"的设置大多在故事的开篇、过渡与转折处,这样才能够确保听众注意力的连贯性,而在故事的其他地方设置"钩子",则很难发挥其作用。如果说故事技巧是砖瓦，那么故事结构就是一座建筑的骨架，只有把砖瓦安置在正确的地方，才能构建一栋宏伟的建筑。

在前面的章节中，我已经分享过故事的经典结构。为了方便大家更直观地理解如何用故事技巧填充故事结构，我特意制作了一个"故事设计模板"，如表5-1所示。相信借助这一模板，我们可以通过技巧与结构的融合，有效提升讲故事的效果。

表5-1 故事设计模板

结构	情节	故事内容	精雕细琢技巧
开始	铺垫引言	——	技巧1：时间、地点
中间	背景	——	技巧2：主要人物（不要描述一群人，聚焦在具体人物上，如有需要，请对人物进行描述，比如外表、内在、性格等）
	冲突	——	
	行为	——	技巧3：加入对话，选择关键的对话内容
	结果	——	技巧4：选择适当的时刻，表达情感
结尾	过渡语	——	技巧5：思考在哪里加入"钩子"的设计
	核心观点	——	技巧6：需要关注重要细节的描述

从"故事设计模板"中我们能够看出，故事结构的每一个板块都可以应用多种技巧，以此提升讲故事的效果。我们需要注意，"故事设计模板"中的"精雕细琢技巧"可以视为故事"中间"部分的加分选项，且这些选项适用于背景、冲突、行为、结果等板块，且每个板块都可以应用多个技巧。下面我们借助"故事设计模板"具体探讨如何在故事结构中精雕细琢地填充各种技巧。

在故事背景板块，我们可以通过时间和地点的描述强化故事开篇的画面感，因为具体的时间和地点设定可以为听众提供清晰的视觉图像，让他们能更好地理解故事的背景。例如，"这个故事发生在18世纪的法国巴黎。"

此外，在故事背景方面，我们还可以对主要人物进行适当描述。需要注意，在描述人物时，不要将焦点分散，而是要集中在一到两个主要人物上。人物的外表、内在特质和性格的描述，可以增强人物的立体感和真实感，使听众与他们产生共鸣。例如，"故事发生在一个善良又胆小的男孩身上。"

除了人物描述，我们还可以通过情境设定的技巧强化故事的代入感。环境、氛围和场景等的描述可以提高听众对故事的代入感，而天气、建筑、气味等细节描述，可以让听众更好地"置身"于故事中，感受故事的氛围。例如，"他们在一个漆黑、冰冷的夜里，走进了那座古老的城堡。"

在故事的冲突阶段，主要人物的内在和外在冲突变得至关重要。例如，我们需要描述主角在追求梦想的过程中遭遇了哪些磨难与挫折，或者展现他们内心的冲突。在这个阶段，主角的内心世界和外在行动应当表现这种冲突，这种冲突能够把听众引入后续的情节中。例如，"××发现，自己的理想与父亲的期望完全相反。"

此外，我们可以通过人物对话来揭示冲突。选择具有关键性的对话内容，可以帮助我们揭示角色的性格和故事的发展。例如，"××和他的朋友展开了激烈的争论，从小一起长大的他们对未来的认知有着截然不同的想法"。

最后，我们可以设定明确的矛盾冲突。这不仅可以为故事增加悬念，还能使故事更具吸引力。例如，"××必须选择：是忠于自己，还是满足父亲的期望。"

在故事发展的行为板块，故事主角通常会采取一些行动来解决他面临的冲突。在这个阶段，我们可以通过描述主角的行为和反应来展现他的情感。例如，"××决定离家出走，追求自己真正的梦想。"

此外，我们还可以考虑加入一些"钩子"来增强故事的吸引力。例如，"××在离家出走的路上，发现了父亲的一个秘密"。

最后，我们需要描述主角在面对冲突时的心理活动。例如，"××虽然决定追求自己的梦想，但他不再恨自己的父亲，反而对父亲产生了一些同情。"

在故事的结尾阶段，我们需要注重描述重要的细节，如人物的表情、动作和场景的变化等。例如，"××终于实现了自己的理想，也终于认识到了父亲的良苦用心。"

同时，这个阶段往往会有一些反转和高潮。设计出人意料的转折情节，可以提高故事的趣味性和震撼力。例如，"××发现，原来他追求梦想的每一步，都在父亲的意料之中，成就现在的自己，才是父亲最大的梦想。"

最后，我们可以在故事的结尾阶段融入主题和寓意，这不仅可以增加故事的深度，还可以引发听众的思考。例如，"××最终明白，父亲为了自己愿意牺牲一切，财富、地位和名誉在父亲心中远抵不过对自己的承诺。"

当故事技巧与故事结构完美融合时，故事的精彩程度将远超预期。这种效果并非简单凭借"故事设计模板"生搬硬套就能够实现的。它需要我们不断地刻意练习，将故事技巧与结构深入融合，有针对性地进行优化，并关注听众反馈。

◆如何使用"故事设计模板"精雕细琢故事

"故事设计模板"虽然可以将故事技巧与故事结构融合，进而全面提升讲故事的效果，但它不是一种固定的思路。正如我在前面提到的，在应用"故事设计模板"时，不能生搬硬套，而应不断激发我们的故事思维，根据模板的指引，尽力在结构中融入更丰富、更到位的技巧，全面提升讲故事的效果。

下面，我们一起做一个练习。我先与大家分享一个简单却感人的故事，之后利用"故事设计模板"对该故事进行一次全面优化。

故事原版：在美国的阿拉斯加，生活着一对年轻的夫妇，这对恩爱的夫妇过着清苦但幸福的生活，但有一天厄运降临到这个家庭。女主人在生产时难产，不幸去世，留下儿子和丈夫相依为命。由于住在偏远的郊区，丈夫找不到邻居帮助自己照顾孩子。幸运的是，他们养了一只聪明的狗，这只狗在女主人去世后，非常懂事地承担了照顾孩子的很多任务。它不仅能陪孩子玩，还能在孩子哭闹时用奶瓶给孩子喂奶。就这样，丈夫又能够外出工作了。但有一天，丈夫外出工作时遇到暴风雪，被困在路上无法回家。第二天清晨，丈夫回家后，看到屋内一片狼藉，孩子也不见了，而那只狗趴在孩子床边，满嘴是血。丈夫误以为是狗吃了自己的孩子，愤怒之下掏出枪直接打死了狗。但枪声响起后，却传来了孩子的哭声，丈夫赶紧趴到地上，发现孩子好好地躺在床底，他转身发现客厅中有一只被狗咬死的狼。

我利用"故事设计模板"对故事背景进行优化设计。

在优化背景时，我进行了特定的地点和时间的描写，尽量具体化以加强视觉冲击力。同时，我对环境和人物增加了细节描述，使得场景更加生动和具体，尽可能让听众更好地感受到故事的氛围。正如我前面提到的，明确的时间和地点设定以及详细的人物描述使得故事更具现实感和代入感，加深了听众对人物的理解和共鸣。具体的环境和氛围的描述，也让听众更好地"置身"于故事中。

故事背景优化之后，这段描述变为：这是20世纪70年代发生在美国阿拉斯加州偏远山谷的一个故事。故事的主人公是约瑟夫和玛丽，他们居住在气势磅礴的雪山脚下，四周环绕着冰川、白雪、雾气以及广袤的森林，如同童话中的仙境。

约瑟夫和玛丽过着清苦但幸福的生活，他们拥有一间简朴的木屋，一只忠诚且聪明的狗。尽管最近的邻居离他们也相距几公里，但他们并不孤单。他们对生活充满了热爱，特别是在玛丽怀孕后，他们对未来的生活充满了期待。

我利用"故事设计模板"对故事冲突进行优化设计。

故事的第一个冲突是玛丽的意外离世，这不仅是一个强烈的事件冲突，更是故事的关键转折点。对此我增加了一些细节描写，以描述这一冲突发生时的情感冲击和紧张气氛。

这样的冲突细节描写，可以让听众更深入地感受到主人公约瑟夫的痛苦和挣扎，为接下来的行动和结果埋下伏笔。而且，详细的情感描述也会让听众对约瑟夫产生深深的同情，增强他们对故事的参与感和代入感。

优化后这段描述变为：然而，一场意外彻底改变了这家人的命运，玛丽在生产时遭遇难产不幸离世，留下了儿子和约瑟夫相依为命。玛丽的离开击倒了这位雪山脚下的硬汉，一夜间约瑟夫仿佛老了十岁，他甚至想陪玛丽一同离去，但面对刚出生的儿子，他又告诉自己，必须从无尽的哀痛中站起来。

我利用"故事设计模板"对故事行为部分进行优化设计。

故事行为部分的优化，我使用了动作描述技巧以增强故事的动态感，同时利用狗照顾孩子的行动来表现其智慧和忠诚。在这里，我也用了展示而非讲述的手法，让听众通过狗的行动来了解它的性格和品质。

这样的动作设计不仅增加了故事的紧张感和冲突感，也让听众更加关注狗和孩子之间的关系，以及狗是如何通过自己的行动来帮助主人的。同时，这种设计也为接下来的故事发展埋下了伏笔。

优化后这段描述变为：在玛丽离世后，他们的狗似乎也察觉到了主人的悲伤，开始想尽一切办法帮助约瑟夫。约瑟夫惊奇地发现，这只聪明的狗竟然能够帮助自己照顾孩子，它不仅能陪孩子玩，而且还能在孩子哭闹时，用嘴巴叼起奶瓶，温柔地给孩子喂奶。这让约瑟夫十分感动，也找到了继续外出工作的方法。

随后的日子里，约瑟夫把儿子一天所需的牛奶提前准备好，放在保温箱里。狗很快明白了主人的意图，并承担起了这份责任。就这样，约瑟夫又能外出工作了。

接下来，我利用"故事设计模板"对故事第二个冲突部分进行优化设计。

故事的第二个冲突部分，也是故事的高潮部分，对于这一部分我决定利用"逆转"和"悬念"等剧情设计技巧，来增强这个故事情节的冲击力和吸引力。我在故事中设计了一个大的逆转：约瑟夫由于工作原因不能及时回家，这为故事的后续发展埋下了伏笔。同时，我也利用"钩子"技巧，让听众对约瑟夫回家后，会看到什么感到好奇和期待。这样的冲突设计增加了故事的紧张感和紧迫感，使听众对故事的结局充满了好奇和期待。同时，通过"钩子"的设计，也加强了听众的持续关注力。

优化后这段描述变为：一天，约瑟夫外出后遇到暴风雪，恶劣的天气让他无法及时赶回家，而狗以及约瑟夫的儿子将独自面对未知的挑战。这一夜，山谷中狂风怒吼，雪花纷飞，在那间小木屋中，狗以及约瑟夫的儿子正处在这场暴风雪中。约瑟夫焦急万分，他数次想要连夜赶回家，但恶劣的路况让其无法前行。焦急的约瑟夫面对暴风雪无能为力，他只能祈祷暴风雪早点停止。

随后，就是故事的第二个行为部分，也是故事高潮达到顶点的部分。在这一部分，我借用了多种故事技巧来强化"行为"效果。比如我运用了感官描述技巧，详细描述了约瑟夫的视觉、听觉和触觉感受，以此来营造一个更生动的场景，使听众能更好地投入故事中，感受约瑟夫的绝望和痛苦。

我运用情绪描述技巧，强调了约瑟夫心中的恐惧和痛苦，展现了他在面对突如其来的变故时内心的挣扎，以此来增加故事的戏剧性，引发听众的共鸣。我又运用暗示技巧，隐藏了一些故事情节，让听众在紧张的气氛中猜测可能的结局，从而产生强烈的悬念。我还运用了逆转技巧，制造了一个意外的逆转，让故事的情节变得扣人心弦。

这些技巧的运用使故事的第二个"行为"部分变得更紧张、更戏剧化，给听众留下了深刻的印象。

优化后这段描述变为：灰暗的黎明中，约瑟夫拖着疲惫的身躯，慌乱地推开了家门，可映入眼前的却是一片狼藉，他的呼吸瞬间停止。门板上的雪花在摇曳的灯光中闪烁，屋内却是一片冰冷的寂静。他的目光先是落在了破碎的家具上，紧接着，他赶忙寻找孩子和狗。但他看到的却是满嘴血迹的狗，他的心瞬间像被针扎了一样。这只他们一家曾经深爱的狗，此刻在趴在孩子的床边，一动也不动。

深深的绝望从约瑟夫的心底涌起，他慢慢抬起头，目光转向了床，却发现孩子不在那里。他的心瞬间结了冰，充满了恐惧和悲痛。脑海中出现了一个他无法接受的事实，他的儿子可能已经遭遇了不幸。这个想法像一把尖刀，深深地刺进了约瑟夫的心中。

他的手颤抖着，硬生生地抽出一丝力气，从怀里掏出了枪。他颤抖的右手慢慢举起枪，心中却尽力让自己相信这只是一场噩梦。但当他再次看向狗时，他知道自己必须面对现实。在一声悲痛欲绝的怒吼下，他对着狗扣下了扳机。

枪声响起的那一刻，约瑟夫知道，自己可能已经失去了最后的一线希望。但就在这时，一声微弱的啼哭突然响起，让他无比震惊。

最后，故事结果部分的优化，我使用了"情感倾泻"技巧，对约瑟夫的悲痛和内疚，进行了深度描述，使得故事充满情感冲击力，让听众产生强烈的共鸣。另外我还使用了"故事主题强化"技巧，在故事总结部分，补充了通过这个故事想要传达的主题：珍惜身边人，感恩他们的付出，不要被表象迷惑，要深思熟虑，避免做出错误的决定。这样的设计不仅强化了故事的教育意义，也使得听众在故事结束后，对故事的主题有了更加深刻的理解。

这些技巧的运用，使故事"结果"部分既充满了戏剧性和冲击力，又强化了故事的主题，让听众得到了深刻的启示和思考。

优化后这段描述变为：这声婴儿的啼哭让约瑟夫的心脏如针扎般的刺痛，微弱的哭声仿佛从无尽的深渊中传来的轰鸣，让约瑟夫慌乱地爬向床边。他的心脏几乎要停止跳动，慌乱地把手伸向床底，随后他触摸到了一个柔软的小身体，他小心翼翼地把孩子抱在怀中，放声痛哭起来。

抱着儿子，约瑟夫又看向了狗，此刻忠诚的爱犬已经永远闭上了眼睛。这时，约瑟夫才发现在不远处的桌子下面，还有一只狼的尸体。约瑟夫心如刀割，一手抱着孩子，另一只手用力捶打着自己，他的哀号与痛苦成了清晨雪山脚下最悲伤的旋律。

这个故事带给我们深深的震撼和悲痛。狗的忠诚和无私牺牲，让我们对它充满了敬意。然而，更重要的是，这个故事提醒我们，在生活中我们常常会因为种种原因忽略了甚至误解了身边的人，而当真相大白时，我们可能已经失去了弥补的机会。

不要轻易怀疑和否定他人，尤其是那些始终陪伴在我们身边的人。我们要学会感恩，尊重他们的付出，而不是在误解中伤害他们。很多时候，生活常常让我们看到是表象，因此，理解生活需要更多冷静和理智。

通过"故事设计模板"对故事进行精雕细琢，可以看到故事的精彩程度得到了大幅提升。在这一过程中，真正触动人心的是经过雕琢的逻辑框架，而非华丽辞藻。"故事设计模板"是从本质上对故事进行优化，文辞修饰只能让故事具备华丽的皮囊，而不能赋予故事有趣的灵魂。所以，我们在打磨故事的过程中，不必因为当下的文采或词汇量而纠结，只要按照"故事设计模板"进行故事的升级思考，就能获得意想不到的提升效果。

　　一个有效的故事，必定是结构与技巧同步打造的结果。故事的结构为我们提供了一个清晰的框架，而技巧则为这个框架添加了色彩和深度。

——赵金星

第六章

刻意训练
成为故事演讲高手

　　掌握故事技巧，升级故事架构，并不等于我们就可以顺利成为故事高手，因为讲故事的过程中还存在一些禁忌与障碍。真正的故事高手，并非单纯追求自我表达，而是通过故事直达听众内心，触及听众最敏感的思维领域，留下改变认知、决策与行动的观点。在这一过程中，我们需要跨越重重路障，躲避各种陷阱，以听众最舒适、最乐于接受的方式去讲述故事，这才是故事高手应有的表现，同时也是故事发挥作用的关键。

01

使用故事影响力矩阵选择故事素材

故事在演讲中发挥着重要的作用，讲述有效的故事是帮助我们传达思想和观点，提升演讲效果的有效方式。但很多朋友在演讲时会有这样一种困惑：我们应该选择什么样的故事才与自己的演讲主题最契合，才能达到预期的演讲效果。这也是提升故事演讲力的关键。

澳大利亚故事研究专家Gabrielle Dolan 和 Yamini Naidu在《HOOK》（中文可译为《钩子》）一书中提过"故事影响力矩阵"，如图6-1所示。我认为这个矩阵是选择故事素材非常实用的工具。

图6-1 故事影响力矩阵

这个矩阵从有效性的角度出发，将故事分为四种类型：积极的商业故事、积极的个人故事、消极的商业故事和消极的个人故事，它们各自有不同的有效性层次。

通过这个矩阵，我们可以更加直观地理解不同类型的故事对演讲效果的影响，进而选择最适合我们演讲目的的故事进行讲述。值得一提的是，这里并没有所谓的"最好"或"最坏"的故事，只有最适合当前情境和演讲目的的故事。

接下来，我们将详细解读这个矩阵，并通过具体的例子来演示如何运用这个工具，精准选择并恰当运用故事。

◆故事影响力矩阵

"故事影响力矩阵"是我们演讲时选择故事素材的重要分析工具，它能够帮助我们依据四个维度——积极的商业故事、积极的个人故事、消极的商业故事和消极的个人故事，帮助我们确定故事的影响力，从而让演讲更具说服力和感染力。

使用这一矩阵定位适合演讲的故事素材的方法并不复杂，现在我把具体的方法分享给大家。

首先，我们可以咨询参与者两个问题：你最喜欢哪一个故事？你最愿意与其他人分享哪一个故事？这两个问题可以帮助我们理解听众的偏好，从而选择最符合他们口味的故事。例如，在商业环境中演讲，我们可能会发现听众更倾向于听积极的商业故事，如公司是如何通过创新策略战胜困难的，这样的故事应该是他们愿意倾听并乐于分享的。

其次，基于影响力大小，选择的故事应当能够跨越部门和地域，有效的故事不应局限于特定的部门或地区，而应具有普遍性。例如，一位领导者如何带领团队克服挑战的故事，在不同地域和行业的公司都可以引发共鸣，因为这是每个公司都可能面临的问题。

再次，我们还需要把故事放到"故事影响力矩阵"中验证它的有效性。即使一个故事看起来很吸引人，但如果它在"故事影响力矩阵"中的位置不理想，那么它给演讲带来的帮助或许有限。例如，一个消极的个人故事，如某人的失败经历，可能在某些情况下无法产生积极的影响，因为听众可能更希望听到如何成功和进步的故事。

最后，根据听众特点和演讲媒介的不同，规划好自己准备分享的故事。如果我们的听众是年轻的创业者，那么关于创新和打破常规的积极的个人故事可能更具吸引力。如果我们是在研讨会上演讲，那么一个积极的商业故事，如一个小公司是如何成为行业翘楚的历程，可能更具吸引力。

另外，我们在使用"故事影响力矩阵"进行分析时，需要注意一个关键点：对故事进行"积极"与"消极"评价。这种评价不应仅基于故事的结果，而是更多地关注故事中所传递的核心观点。比如一个人遭遇失败，但从失败中得到了正向的洞察或领悟。这样的故事看似消极，实则蕴含了正向的力量。然而，如果故事的主人公仅仅得到了正向的洞察或领悟，却没有进一步付诸行动，那么这样的故事仍然不能完全被认为是正向积极的。因为单纯的认知而没有行动，其实力量是有限的。

"故事影响力矩阵"提供了一个清晰的框架，有助于我们找到最具影响力的故事来强化我们的演讲，使之更具说服力。只要我们能够恰当地运用"故事影响力矩阵"，它就能大幅提升我们的演讲效果。

◆ JX 故事思维矩阵

JX（金星）故事思维矩阵（见图6-2）是我结合自身搜集与选择故事素材的丰富经验，打造的一个故事思维矩阵。它有两个重要作用：一是帮助我们更有效地发现、捕捉日常生活或工作中的精彩故事瞬间；二是对故事的功能进行分类。

图6-2 JX故事思维矩阵

从图中可以看出，这一矩阵从感性故事、心灵故事、表层故事和理性故事四个维度出发，帮助我们发现和理解故事。这个矩阵基于我们的情绪或情感以及反预期程度对故事进行了功能的分类定位。

在讲解如何使用JX故事思维矩阵之前，我们先对矩阵进行深入的分析。下面我对矩阵中涉及的四个维度进行详细讲解。

1. 感性故事

感性故事的主要特点是可以引发我们强烈的情绪和情感变化，而反预期程度相对较小。所谓反预期，是指现实结果与预期结果存在较大差距的情况。需要注意，这种差距并非仅存在于相反方向中，同一方向下现实结果与预期结果存在较大差距也属于反预期。比如在考试后，我们的预估分数为80分，结果成绩只有20分，这属于反预期。当然，结果分数为满分120分，也属于反预期。

在我们的生活中，符合预期的事情与反预期的事情一直都在发生，但是反预期事情会给我们留下更加深刻的印象，因为反预期的事情带来的情绪波动更加强烈。

丹尼尔·卡尼曼提出的"代表性偏差"理论，很好地阐述了反预期出现的原因。根据该理论，人们进行概率估计时，容易过度关注某些代表性特征，而忽视了环境概率和样本大小，导致判断出现偏差。

由于感性故事通常描述的是人类共通的情感体验，如亲情、友情、爱情等，所以这些主题本身就带有强烈的情绪色彩，能够容易引发他人的情感共鸣。

然而，由于这些情感体验在我们的日常生活中是常见的，因此它们往往不会打破预期。比如一个孩子深爱他母亲的故事，这种爱是我们预期中的，因此反预期程度较小。以电影《当幸福来敲门》为例，片中的主人公为了生活和孩子的未来，坚持不懈，最终取得成功。虽然这个故事引发了我们强烈的情感变化，但反预期程度相对较小。

这些故事通常以人的情感体验为主线，涉及喜怒哀乐等情绪。在日常生活中，我们可以通过观察自己或他人在不同情境下的情感反应，去寻找感性故事的素材。例如，一个人在克服困难时的坚韧或者在特定环境下表现出来的善良与无私等。将这样的故事运用到演讲中，可以打动听众，引发听众的共鸣。

2. 心灵故事

心灵故事的特点是能够同时引发我们的强烈情绪、情感变化和出乎意料的反预期。这种功能的故事通常以人性的力量和可能性为主题，通过描述主人公面对的困难和挑战，最终实现了看似不可能的事情，从而打破听众的预期。例如，电影《肖申克的救赎》中的主人公安迪（Andy），被误判入狱，但他却用自己的智慧和毅力，最终实现了惊心动魄的逃脱。这个故事使听众产生了强烈的情绪反应，同时也打破了他们的预期。

心灵故事通常涉及人的内心世界，如价值观、信念、信仰等。在日常生活中，我们可以通过观察人们的行为和选择，去发现心灵故事的素材。例如，一个人为了坚守信念而做出的牺牲，或者一个人在面对诱惑时展现的坚定意志等。将这样的故事运用到演讲中，可以引发听众的深思，触动他们的心灵。

3. 表层故事

表层故事的特点是它对我们引发的情绪变化和反预期程度都相对较小。这类故事通常描述的是日常生活中的普通事件，如购物、吃饭、交通等。若在演讲中使用它们，既不能引发听众的强烈情绪反应，也无法打破听众的预期。例如，我们在超市购物时看到顾客损坏了商品；外出吃饭时遇到了服务态度极其恶劣的服务员。这些生活中常见的琐事就是表层故事。

这类故事是我们生活中最容易收集的故事，但恰恰因为它们常见，大多数人对这类故事的记忆不够深刻，导致很多表层故事被浪费。

4. 理性故事

理性故事的特点在于其引发的情绪变化相对较小，但反预期程度较大。这类故事多发生在工作场景中，比如遇到的棘手问题、难以应对的客户、突发事件或由于某些隐患导致的麻烦。

例如，在一次故事演讲力的培训中，一位公司部门管理者分享了这样一个故事。他是公司软件开发部门的负责人，部门通过详细的市场调研向公司申报了一个研发项目，获得公司批准后，全部门的人连续奋斗了半年，公司也先后投入了大量研发资金。当他们信心满满地将新产品上线后，却发现产品订购量和用户口碑远低于预期。当时，部门的人都十分失望，甚至有人开始自我怀疑，公司也决定削减损失，放弃这款新产品。

在这种情况下，他顶住压力申请了一个月的改进时间，并承诺如果不成功，则主动引咎辞职。随后，他立即召开部门会议研究原因，并讨论整改方案。在这一个月里，部门成员废寝忘食，对新产品进行了升级改造，让产品获得了新生，这款新产品的订阅量和用户口碑，连续数月居公司产品排行榜的前三名。

他通过这个故事向我们表达了一个观点：我们在生活与工作中难免遭遇失败，失败的确很痛苦，但最痛苦的不是失败本身，而是丧失了继续挑战的勇气。我们要时刻告诉自己对未来保持希望，多坚持一段时间，我们才能进步。

可见，理性故事着重强调场景和关键瞬间，虽然它不如感性故事和心灵故事带给听众那么强烈的情感共鸣，但在工作和商业场合的演讲中，理性故事却是最常用的，也是最具说服力的故事类型。

综上所述，JX故事思维矩阵从情绪变化和反预期程度两个维度来分类和理解不同功能的故事。它可以帮助我们更好地理解和发现生活和工作中的故事。

我们需要明白，其实故事无处不在，只要我们用心去寻找和发现。利用JX故事思维矩阵发现故事，就是在提升我们发现故事的能力，强化我们寻找故事的视角。在这一过程中，我们可以培养一个重要的思维习惯：关注生活和工作中的关键时刻。

在日常生活与工作中，许多看似微不足道的事情，如果我们从不同的角度去思考，就会发现其中隐藏的故事线索。一句玩笑话，一个人与人之间的小冲突，或者一个生动的画面，都可能成为一个故事的源头。比如在公交车上，我们看到一位疲惫的工人在座位上打盹，这个场景就可能启发我们去想象他一天的劳作和他的生活，从而形成一个有力的表层故事。只要我们打开故事思维，就能从这些看似普通的场景中找到故事的灵感。

当我们开始留意和关注生活和工作中的关键时刻时，就会发现生活中的故事素材无处不在。不仅如此，这一故事思维矩阵可以让我们的思维方式更加敏锐，从而发现那些容易被忽视的时刻。例如，在平凡的上下班途中，我们可能因为一个陌生人的小小善举而感动，这个善举背后也许隐藏了一个关于人性和善良的故事。

在使用JX故事思维矩阵的过程中，我还有一个重要的建议分享给大家：建立故事思维应该从表层故事开始。有些人误以为容易引发强烈情绪波动、反预期程度较大的心灵故事才是我们寻找的主要目标，但事实上表层故事也能够让听众产生共鸣。有时，最深入人心的感动恰恰来源于最平凡的生活。

总体而言，JX故事思维矩阵不仅让我们学会捕捉和收集他人的故事，更让我们开始从生活中和工作中发现自己的故事，从而形成一种新的思维习惯。这种习惯使我们不再被动地等待故事的出现，而是积极地去发现和创作故事，这样我们的表达和分享才会更加丰富，充满魅力，引人入胜。

◆如何检验故事讲述的有效性

想要成为真正的故事高手，除了强化自己的故事思维，增强各方面的故事能力外，还要确保故事的有效性。无论是在公司会议中，还是在公开演讲中，我们都渴望自己的故事能打动听众，达到预期效果。然而，如何判断我们的故事是否有效呢？下面我将与大家分享一个简单而实用的"故事有效性检验清单"。

（1）写下你的故事。写作是提炼思维的一种方式。把故事写下来可以帮助我们更清晰地认识故事，更好地组织和调整故事的结构。

（2）独自大声讲述。在没有听众的情况下，比如在车内或者镜前大声练习，这能帮助我们找到讲述故事的节奏和语气。

（3）在他人面前练习。找一个可以信赖的朋友或家人作为听众，并请他们提供反馈。他们的反馈对于评估故事的吸引力以及讲故事的方式是否需要改进至关重要。

（4）录音并回听。使用录音设备记录自己讲故事的过程，然后反复回放，仔细聆听。这可以帮助我们发现故事中的优缺点，以及我们的语音、语调、语速是否适中。

（5）多次练习。讲故事是一个熟能生巧的过程，需要通过多次练习才能达到最佳状态。每次练习，都是改进和提升的机会。

（6）永远不要读故事。无论故事多么复杂，都应尽量避免读稿，以免语音、语调变得刻意，影响与听众的交流。

（7）相信你的故事。如果自己都不相信自己的故事，那么听众也不会相信。所以，真心相信自己的故事才能把故事讲述得感人。

（8）用平时的语音和语调。讲故事不是表演，不需要刻意改变自己的语音和语调。用平时的语音和语调讲故事，能使故事更真实，更有说服力。

（9）保持自己的节奏。每个人讲故事的节奏都不一样，找到适合自己的节奏，能使故事更加自然。

（10）重视重复的作用。重复是一种强化记忆的手段，适当的重复能帮助听众更好地记住我们的故事。

（11）保证眼神的交流。眼神交流可以增强我们和听众的连接，让故事更具说服力。

（12）享受讲故事。讲故事是一件快乐的事，只有自己沉浸其中，才能把听众带入故事的世界中。

> 优秀的故事思维并非仅指挖掘和发现那些潸然泪下、跌宕起伏的故事，而是用正确的视角随时发现故事，并将每个故事运用到正确的场景和主题中。
>
> ——赵金星

练习：检验你的故事

无论我们是经验丰富的演讲者，还是刚刚开始尝试讲故事的初学者，检验自己准备的故事对于改进讲述技巧至关重要。我希望各位朋友应用前面提到的有效性检验清单来检验自己准备在演讲中讲述的故事，以此确保故事和演讲能达到最佳效果。

在检验过程中，我们还可以进行以下辅助性的思考。

自己能否顺畅地讲述这个故事，而不需要查看任何笔记？

在讲故事的过程中，是否能够保持稳定的语音、语调和节奏？

故事是否具有吸引力，是否能引发听众的共鸣？

是否真心相信并热爱自己的故事？

是否能够自然地使用眼神交流，与听众建立连接？

是否真正享受讲述故事的这个过程？

请记住，讲述一个好的故事并非一蹴而就的事情，这需要时间和耐心。尝试不同的讲述方式，做出相应的调整，不断地进行练习，才能真正提升故事讲述的效果。

02

影响故事效果的5大路障

在演讲过程中，我们有时候会遇到这样的状况：明明我们分享了一个精彩的故事，但听众却将信将疑，甚至对我们演讲的内容毫无兴趣。这时，我们就要思考，是不是我们的故事中出现了"路障"，阻碍了听众思维跟随故事的发展。

我们千万不要认为，只要构建了经典的故事框架，填充了精彩的故事情节，运用了各种故事技巧，故事就可以轻松震撼全场。讲故事，并不是一件轻松容易的事，我们需要关注故事的各个细节，防止出现任何可能打破故事连贯性的元素，而这些元素便是我刚刚提到的故事"路障"。

故事路障是指在故事中出现的某些信息，这些信息会导致听众的思维停滞，无法顺畅地沿着故事的路径前行。这种"停滞"可能会阻碍故事的传播，降低故事的影响力，甚至可能会导致听众对故事产生怀疑或反感。

另外，很多人存在一个误区：如果我们讲述的是真实的故事，那么就不存在"路障"，我们的故事便可以顺畅地引导听众的思维。但事实并非如此，故事就像我们的生活一样，充满了复杂的差异性元素，存在各种不确定性，如果我们不能识别故事的"路障"，那么再真实的故事也无法发挥作用。

例如，有一次我到上海财经大学EMBA班分享故事的力量时，王先生讲述了自己的一段真实经历，他在一家知名的电梯维护保养公司任职。

2010年南非世界杯期间，王先生受公司派遣，带领一支由十几位工程师组成的专业团队到南非约翰内斯堡负责多个场馆的电梯维护保养工作。抵达约翰内斯堡后，他们租下了一栋别墅用于居住，这栋别墅分为三层，其中三楼是娱乐场所，一楼和二楼是居住场所。

南非的治安条件众所周知，王先生原本计划到达约翰内斯堡后雇佣一支安保队伍保护团队成员的人身安全，但还没来得及与安保公司对接，他们就遭到了抢劫。

一天晚上，一伙黑人手持枪械，直接冲入了别墅。仅仅十几分钟，居住在一楼的同事就被洗劫一空，连腰带都未能幸免，然而，二楼的同事却安然无恙。

接着，王先生继续讲述，遭遇了这件事之后，团队成员都想尽快回国。王先生向公司总部汇报了这一情况，让王先生没有想到的是，几天后，即将退休的总经理就带着各种物资抵达了王先生的住所。抵达后总经理不仅雇佣了一支专业团队保障团队成员的安全，还陪着王先生的团队完成了在南非的工作。

当王先生踏上回国的飞机后，他回想起总经理这段时间的付出，以及把团队成员当作家人的态度，王先生突然领悟了公司口号"We are a family"的真谛，这便是我们是一家人。如今，王先生已经成为这家公司的总经理，他也继承了公司的传统，一直视同事为家人。

这就是王先生当时分享的故事。可当故事讲完后，在场有人提出了疑问：为什么劫匪只抢劫了一楼的同事，连腰带都不放过的劫匪为什么对二楼的同事大发慈悲呢？这一问题提出后，在场的人纷纷附和。

面对这样的提问，王先生随后进行了解释，南非有些别墅与传统意义上的别墅格局并不一样，别墅的一楼和二楼并不相通，要到二楼需要走出别墅，绕到别墅的后面，通过另外一个楼梯才能到达。劫匪为了快速撤离，自然选择只抢劫一楼。

这些质疑打断了听众的思维。虽然这个故事对王先生而言意义深远，但在场听众的反响并不强烈。

王先生忽略的这一细节解释，便是影响故事效果的"路障"之一，正是因为这一"路障"的存在，才导致如此精彩的一个故事并没有让听众产生太多触动。所以，后面再讲述这一故事时，我对故事进行了适当的编辑。我不再强调劫匪只抢劫了一楼没有抢劫二楼的细节，而是把重点放在了当时的危急状态上。我强调了劫匪的凶神恶煞和贪得无厌，同时，对所有人被绑到客厅的细节进行了描述。如此编辑后，听众不仅能够联想具体的画面，思绪也不会再发生断点。

分析这段经历，是为了向大家阐明一个道理：故事的真实性并不意味着听众会接受每个细节，或者完全理解每个情节。我们必须谨慎处理故事中的每个元素，避免任何可能的"路障"。如此，才能够让故事真正为演讲赋能，而不是成为听众质疑我们的源头。

下面，我将为大家详细分析故事中最容易出现的五个"路障"，以及如何有效避开故事的"路障"。

◆错误的细节

故事是由细节构成的，正是细节能让听众产生共鸣，让故事变得生动有趣。但是，如果这些细节出现错误，就会变成故事的"路障"，破坏故事的连贯性和可信度。错误的细节会让听众产生困惑，怀疑故事的真实性。比如一位演讲者在演讲时讲道："那天是周六，我在傍晚焦急地赶往商场，因为商场6点就要关门了。"这时故事的"路障"就出现了，听众会对时间细节产生怀疑，因为周六商场关门的时间通常在晚上10点，这时听众的思维便开始出现断点，并继续思考"连细节描述都是错的，那么后续情节和观点是不是也是错误的呢？"

因此，故事的细节是我们需要关注的要点。"千里之堤毁于蚁穴"同样适用于故事讲述的过程。下面，我们就来分析"错误的细节"主要存在于故事的哪些方面。

1. 数据错误

如果演讲中我们提到："我在一个人口不足20000人的小镇上长大"，如果这个小镇比较知名，且人口远远超过20000人，那么错误的数据就会让故事失去可信度，听众也会质疑我们演讲的其他信息是不是同样不真实。

2. 人物错误

例如，我在故事中讲到自己去拜访××客户的采购负责人张经理，但在场的听众都知道客户公司的采购负责人不姓张，而姓王。这时，听众就会怀疑故事的真实性。

3. 时间或地点的错误

例如，在一次培训时，一位学员分享了他在2009年加入公司时的经历，但却被在场的听众指出公司2011年才成立。尽管这位学员连忙解释是口误，但大多数听众对他后续的故事内容产生了怀疑。

4. 情节错误

情节错误也是故事中的一种常见错误。比如讲述者将故事的关键冲突情节讲错了，或者故事的结局存在问题。对于没有听过这个故事的听众而言影响并不大，但对于听过这个故事的听众则不同。只要听众发现我们讲述的故事情节存在错误，那么听众对我们表达的观点就会产生怀疑，对我们的信任感也会大幅降低。

另外，我们千万不要抱有侥幸心理。因为即便听众当时没有发现故事情节中的错误，但故事本身会传播。当听众向其他人讲述这个故事时，对方指出了故事的错误情节，那么听众同样会对我们的观点甚至我们的人品产生质疑。

以上都是"错误的细节"可能引发的故事"路障"，它们破坏了故事的连贯性和可信度，阻碍听众对故事的理解和接受。针对这些"路障"，我们可以通过以下方法来规避，确保故事讲述的连贯性。

1. 在讲述故事前做好充分的准备

这包括对故事的数据、人物、时间、地点进行核实，确保它们准确无误。我们可以通过网络搜索、查阅资料、询问有关人士等方式来验证这些信息。一个细致入微的故事不仅可以让故事更加生动有趣，而且可以赢得听众的信任。

2. 在讲述故事时注意细节的连贯性

如果你在故事中提到了一个新的人物，你需要给听众一些背景信息，或提前做好铺垫，让听众顺畅地了解人物信息及其出现的原因。

3. 在讲述故事时注意细节的真实性

我们需要确保故事中的时间、地点与现实相符，且这些细节不会给故事带来干扰，否则听众可能会对我们的故事产生怀疑。

关键的细节是推动故事发展，塑造人物性格，揭示主题的力量所在。因此，这些关键的细节需要特别精准和真实。比如我们在演讲时讲道："在那场激烈的辩论中，我看到对手的手微微颤抖，声音逐渐减弱。"如果这是一个真实的细节，那么它将增强故事的可信度，引发听众的共鸣。然而，如果这个细节是错误的，或者与之前的描述相矛盾，那么它就可能会引发听众的质疑，破坏故事的可信度。

关键细节是故事的骨架，支撑着故事的整体结构。如果关键细节的描述存在错误或矛盾。例如，主角在无法解释的情况下，突然得到解决问题的线索，那么这将直接冲击听众对故事的信任感，对整个故事的吸引力和说服力产生巨大的负面影响。

所以，在构建故事时，我们需要谨慎对待每一个细节、情节的描述，确保其在逻辑上的连贯性和在细节上的准确性。同时，我们还要确保它们在故事中的位置合理，可以被听众接受和认可。

总而言之，只要我们对故事进行了充分的准备，并注重细节的连贯性和真实性，我们就可以有效地规避这些问题。正如一个成功的故事往往隐藏在细节之中，只有精心制作，才能让它发挥最大的力量。

◆牵强的事实

牵强的事实是指故事中那些不合理、不自然地串联起来的事实。这是因为我们试图将一些本不相关或者相关性很弱的事实联系到一起，以构建期望的情节或者主题，但由于这种联系过于生硬，效果往往不尽如人意。有时，我们也会忽视故事发生的背景，而主观臆断事情的原因和结果。

另外，如果故事中的某些情节或细节，在听众看来是不合理或不合逻辑的，也会被归入"牵强的事实"。例如，一个人在经历了重大创伤后，立刻展现出强大的精神力量，却没有任何的心理挣扎，这在听众看来可能难以置信。

除此之外，还有一些未确认的证据同样属于"牵强的事实"。在一次故事演讲力的公开课上，有位学员讲到，自己上初中时与英语老师关系不好，她总感觉这位英语老师处处为难自己。例如，有一次在分发练习册时，全班同学都有练习册，唯独她没有，她认为这是英语老师故意的。这件事激起了她的斗志，她下决心要学好英语，向这个老师证明，即便不被看好，她也能十分优秀。最终，她考上了重点高中。

对这一故事，我的点评是：你是否确定英语老师真的是在为难你？因为这是大多数听众脑海里都会出现的疑问，而这也容易引发听故事的"路障"。

对此，这位学员表示不确定。我继续表示，如果你确定老师在故意针对你，那么就需要在故事中更换一个老师无理刁难你的案例，以此让听众相信你的观点。如果你不确定这一情况，就需要对此进行补充解释。比如由于自己当时年轻气盛，对老师存在误解，但这个误解反而让自己得到了收获。如此听众才不会因为这些不确定的证据而出现思维断点。

"牵强的事实"通常会削弱故事的影响力，因为听众会觉得故事不真实，过于刻意，而无法投入。例如，我们在讲述关于创业者的故事时，如果为了彰显创业经历的跌宕起伏，刻意为创业者刻意营造失败的经历，并强行引入所谓的"贵人"，相助实现"逆袭"。这样的故事往往使听众觉得困惑，因为这与他们对现实世界的认知相冲突。他们可能会开始质疑故事的真实性，从而影响对故事的投入和感受。

所以，在对故事进行合理编辑的过程中，我们一定要避免"牵强的事实"，为了确保大家在演讲中使用故事时不出现这样的"路障"，我为大家总结了以下几个技巧。

（1）我们需要明白故事的力量并非来源于复杂的情节或者惊人的转折，而是来源于它的真实性和可信度。一个简单但真实的故事往往比复杂但不真实的故事更有力量。

（2）我们需要学会尊重事实，尊重现实。这并不意味着我们不能在故事中进行合理编辑。有时为了方便听众理解故事，我们需要进行必要的编辑。比如前面我们提到的王先生的团队在南非被抢劫的故事，在这一故事中，如果我们真实表述只有一楼住户被抢了，而二楼住户没事，那么这一故事细节就会引发听众的"路障"。

但如果我们进行合理编辑，只形容故事人物被抢了，而不详细交代一楼和二楼的区别，则可以在影响故事中心思想并尊重事实的前提下，让故事更加顺畅，这就是编辑的作用。当然，故事的编辑元素必须与故事的主题和情节有自然的联系，不能制造牵强的情节。

（3）我们需要花时间去挖掘和发现那些能够自然串联起来的事实。这可能需要我们进行深入研究，或者进行充分的创作准备。

总之，在演讲中讲述一个吸引人的故事，我们需要进行创新和完善，但不能使用牵强的事实。真实与真诚是讲故事最有力的武器，也是最能打动人心的元素。一个真实、连贯、不牵强的故事，才能最大程度地发挥其力量，触动听众的内心。

◆敏感的话题

敏感的话题是指那些可能引起争议，或者在特定文化、圈层、群体中可能被视为不合适或冒犯的话题，如政治观点、不合规行为、种族问题、宗教信仰、观点绝对的哲学话题以及低俗内容等。在讲故事时，如果不能恰当地处理这些话题，很容易引发争议，对听众造成困扰，甚至可能引起听众的反感，进而损害故事讲述者的声誉。

如果我们在演讲中讲述了一个涉及重要人物的故事，而该人物恰恰正处于某一敏感事件中，他的"人设"已经出现争议，这很可能导致听众产生不同的观点与见解，甚至引发误会与冲突。进而导致听众对故事以及讲述者产生负面看法。这样将严重削弱演讲的影响力，甚至可能会对个人声誉造成长久的伤害。

在处理敏感话题时，我们可以遵循以下几个关键策略，来规避潜在的故事"路障"。

（1）我们需要在故事中避免涉及敏感话题。除非这些话题对我们的故事或演讲十分必要，否则尽量避免引用这些话题。切记，一个有效的故事并不需要依赖争议或者冲突来吸引听众，它的力量应源自其内容、主题和真实性。

（2）如果我们的故事必须涉及一些敏感的话题，那么我们要确保以中立、客观的态度来处理它们。我们应避免发表任何可能被视为冒犯或者不敬的言论，并确保故事对这些话题的处理是公正的，语言及观点不偏袒任何一方。

（3）如果我们不确定自己的故事是否涉及敏感的话题，可以寻求第三方的建议，如你的朋友、同事或者专业的故事顾问。我们也可以从听众的反馈中识别可能存在的问题，并获得处理这些问题的建议。

只要我们采取恰当的策略，就可以有效地避免争议与冲突。故事的力量来自其真实性、公正性以及对人性的深刻理解。虽然争议和冲突可以获得更多关注，但并不能感动他人，影响他人，改变他人。

◆地区差异或歧视

地区差异或歧视是指在讲故事时，故事讲述者可能因无意或有意地把某一地区、种族、民族或者文化的特性以偏概全地赋予到故事中的某个人物或事件中，从而可能引起听众对故事讲述者的误解，或者对故事产生反感。这种"路障"通常出现在故事的人物设定、背景设定和情节设定等环节。

例如，在一次关于故事演讲力的培训中，有位学员讲述了自己遭遇不公的一段经历。在讲述这个故事时，这名学员将伤害自己的人描述为"典型的江南美女"。我理解这原本是讲述者的客观描述，但由于故事中这位"江南美女"扮演着阴险的反面角色，所以对于听众而言无疑存在贬低江南美女的意味，进而引发一些听众的反感与抵触。

我们来分析一下这个案例中出现的问题。从文化敏感性的角度来看，这是一个显著的"地区差异或歧视"问题。虽然讲述者可能并无意贬低江南美女群体，但是由于她使用了"典型的江南美女"这一概括性的标签，并且将其与负面形象联系在一起，不可避免地引发了一部分听众的不满。这也是地域标签在使用时的潜在风险，尤其是当这些标签与负面形象关联时，可能会引起误解。

我认为在这个案例中，这位学员完全可以选择更为中性的描述方式，比如只描述这个角色的外貌特征，而不需要指出其地域背景。讲述者也可以明确指出，故事中的这个人并不代表所有的江南女性，只是个别行为的体现，从而避免听众将故事中的特定行为直接等同于整个群体。

演讲中使用故事是一种技巧，也是一种挑战。当我们讲故事时，故事的每一个词都应该被谨慎选择，因为它们可能会被理解为我们对整个群体的看法。通过这种方式，我们可以更好地尊重听众，并使我们的故事更具影响力。为了规避"地区差异或歧视"产生的"路障"，我建议大家在讲述涉及地域标签的故事时，采取以下几种策略。

（1）我们需要在故事中尽量避免使用带有地区、种族、民族或文化特征的描述，除非这些描述对故事的讲述是必不可少的。即使必须使用，也需要确保这些描述是准确、公正的，避免给人以偏概全或者贬低某一特定群体的印象。

（2）如果必须使用这种描述，则需要确保语言尊重听众，描述是基于事实和真实观察，而非偏见或者误解。

一个有效的故事一定源自公正的视角，而不是基于地区、种族、民族或文化的偏见。在讲故事时，我们必须尊重所有的听众，无论他们来自何处，拥有何种文化背景，这样我们的故事才能真正有影响力。

◆遗留的信息

在前面的章节中，我提到了一个控制故事节奏感的技巧："钩子"。"钩子"是在故事讲述中对某些关键情节、节点进行的信息设置，它们起到开篇、过渡、转折等作用，不仅能够引领故事顺畅发展，还能持续吸引听众的注意力。但在故事讲述过程中，如果我们设置了一些引人注意的信息点，但没有妥善处理或详细解释这些信息点，那么它们就会转化为"遗留的信息"，变成故事的"路障"。

遗留的信息是指那些在故事情节中被引入，却没有得到明确解释的信息，比如故事的起因、与故事相关的人物、故事带来的启发等。这些信息像一个个悬浮的谜团，悬在听众的心头。如果处理得当，可以增加故事的神秘感，引发听众的好奇心，使其更加投入故事的世界中。如果处理不当，则会影响听众对故事的理解和体验。

比如在一次培训中，一位学员讲述了自己某一天的悲惨遭遇。故事开篇，她提到早晨起床后发现奶奶留下的手镯找不到了，这是奶奶留给自己的唯一的物品，不仅贵重而且意义非凡，她发誓一定要找到它。随后，她继续讲述这一天发生的其他悲惨遭遇，没有再提及手镯的事情。这时，丢失的手镯就成了遗留的信息，它一直影响着听众的思绪，让很多听众一直聚焦于她是否找到了手镯，以至于忽略了其他与手镯无关的信息。

其实，她只需要将这个信息简单处理，就能够改变故事的讲述效果。比如她可以这样描述：正是因为早晨花费了太多时间找手镯，所以上班迟到了，遭到领导的批评，而被批评后她更加难过，工作中又出现了纰漏，造成了更严重的后果。之后一系列的连锁反应构成了那天的悲惨经历。如此，丢失的手镯不仅不会成为遗留的信息，反而变成了这一故事的起因和线索。

所以，我们在演讲中使用故事时，一定要审视故事中是否存在遗留的信息。为了避免这些"路障"的出现，建议大家提前对准备好的故事进行反复品读，确保每一个被引入的信息都有明确的意义和作用。如果一个信息只是为了丰富故事的情节，那么需要确保它与故事的主题和情节紧密相连，不能随意插入，否则可能会成为遗留的信息。同时，我们需要时刻关注听众的反应，留意他们是否对某些信息感到困惑，及时为他们解答，消除他们的困扰。

当然，避免出现遗留的信息并不意味着我们要讲述一个毫无悬念的故事。悬念和谜团是故事的灵魂，是让故事充满吸引力的关键。但这些悬念和谜团需要在故事结束时得到解答，不能让听众带着疑问离开。这样的故事，才能真正触动听众的内心，让他们在故事结束后仍回味无穷。

> 故事就像我们的生活一样，充满了复杂的差异性元素，存在各种不确定性，如果我们不能识别故事的"路障"，那么再真实的故事也无法发挥作用。
>
> ——赵金星

练习：发现故事中的"路障"

我们以一个简短的故事作为案例，与大家一起找出其中存在的"路障"，以此强化我们对故事"路障"的理解。

这里，我选取了某位学员讲述的关于他个人成长的故事。

"大家好，我是一位从小在美国长大的中国人。我的父母是广州人，他们在20世纪80年代移民到了美国，所以虽然我出生在美国，但我从小就接触中西两种文化。

在我成长的过程中，我始终对中国充满了向往。所以大学毕业后，我毅然决然地回到了中国，找了一份英语老师的工作，并在父母的家乡广州定居。

来到广州后，我认识的第一个朋友是我的房东，他给予了我极大的帮助。然而，生活了一段时间后，我发现原来在中国的生活压力并不小，中国人的思维习惯与行为方式与美国存在巨大的差异，这给我的生活带来了不少困扰。

例如，"有一次我在超市看到一位老人推着一辆装满了蔬菜的购物车，我本想帮她推车，但她却误以为我要盗窃。

我发现，文化差异带来的生活差异真的非常大，尽管我骨子里是中国人，但很长一段时间内，我在中国的生活并不顺利，这让我感到非常疲惫，甚至有了回美国的想法。"

在学员讲述故事的过程中，出现了多个"路障"。他讲完这个故事后，我听到的听众的第一个意见是"那你为什么不回去？"这让这位学员当时的处境非常尴尬，但造成这一结果的原因是学员在故事讲述中的不当处理。

首先，故事的开篇就出现了"错误的细节"。他称自己是在美国长大的中国人，但随后他又说父母在20世纪80年代就移民到美国，他在美国出生。这样的表述容易让听众疑惑，不清楚他到底是中国人还是美国人，这就让听众的思绪产生了断点。

其次，他描述了一个"牵强的事实"。在超市帮人推车为什么会被误认为盗窃呢？超市内的商品还未付款，帮助人推车应该不会被误认为盗窃。事后我认真思考了这一问题，也明白了其中的原因，很多老年人喜欢在超市搞特价活动时抢购特价商品，所以当时应该是一位老年人抢购了一车特价商品，在他帮忙推车时被误认为要抢购自己的特价商品。

再次，他的故事里存在明显的"地区差异或歧视"，尤其在他提到"生活了一段时间后，我发现原来在中国的生活压力并不小，中国人的思维习惯与行为方式与美国存在巨大的差异，这给我的生活带来了不少困扰"时，我看到很多听众皱眉。我知道这是他个人的真实体验，但无意间带给了听众"美国生活比中国轻松、方便"的错觉，这也是听众说出"那你为什么不回去"的原因。

另外，他的故事中还存在"遗留的信息"，就是他对房东的描述。学员提到在他生活遇到困难时房东给予了很大帮助，但他后面并未具体描述，使得听众对这部分内容充满了好奇和期待。

由此可见，我们在讲述真实的故事时，如果不谨慎思考，反复优化自己的故事，很容易造成各种故事"路障"。讲述充满"路障"的故事根本无法提高我们的演讲效果，甚至还会让听众对我们产生抵触与厌恶。

03

演讲的心理准备与刻意练习

很多人演讲能力不足，不仅体现在表达能力和演讲技巧的欠缺上，也体现在心理准备上的不足。正所谓"台上一分钟，台下十年功"，任何成功的背后都是无数付出的积累，演讲也不例外。那些自信满满、语言流畅、情绪饱满的演讲者，并非天生具备演讲才能。他们独特魅力和影响力的背后，是上台前充分的心理准备，以及生活中无数次的刻意练习。

在演讲中，面对舞台、观众以及未知的问题，心理状态起着决定性的作用。如果我们在演讲中紧张得无法控制自己的情绪，则可能会出现各种令人尴尬的错误，如忘词、啰唆、观点模糊等。更糟糕的是，我们可能会因为演讲效果不佳、听众毫无兴趣而丧失信心，无法将重要的信息传递给听众。一场成功的演讲，不仅是演讲者自信、沉稳的展示，更是面对突发事件的灵活应对。这些都离不开充分的心理准备。

心理准备并不是一句口号，而是一种实际行动。实际上，心理准备涵盖了我们对演讲内容的深度理解、对观众的洞察、对场地环境的适应以及对我们自身情绪的管理。有了充分的心理准备，我们可以更好地应对演讲过程中可能出现的突发情况，更容易发挥出最佳水平，给观众留下深刻印象。

当然，除了充分的心理准备，我们还需要不断练习。大家是否有过这样的体会，在演讲前，我们会精心制作PPT，调整字体大小，全屏预览，不断地认真翻看，在大脑中详细记录要表达的内容。但正式上台时，我们会发现无论准备得多么充分，真实的演讲状态总会与预期存在差距。这种差距主要是因为我们的大脑和嘴巴之间存在一种"距离"，即大脑中产生的演讲与嘴巴表达的演讲存在差距，在大脑中我们的演讲往往趋于完美，但实际的表达效果往往达不到完美的程度。当然，这种"距离"是可以消除的，消除的方法就是通过不断练习，让自己的嘴巴对大脑中的内容产生肌肉记忆，不断练习能够让我们的语言表达无限接近大脑中的完美状态，如此我们的演讲效果才会更加接近预期。

练习不仅是提升演讲技巧的有效途径，更是提升心理素质的关键途径。它可以帮助我们更深入地理解演讲内容，更自信地处理突发问题，更稳健地应对各种场景。在常规的练习中，我们可以锻炼语言表达能力，增强肢体语言的表现力，提升舞台定位的精确度。而在针对特定演讲的刻意练习中，我们可以找出潜在的不足，改正缺点，强化优点，从而提升演讲效果。

因此，无论是心理准备，还是刻意练习，都是我们成为优秀演讲者的关键。下面，我们将深入探讨这两个方面，提供一些具体而实用的方法，帮助大家提升演讲效果。

◆演讲时如何克服恐惧，稳定发挥

恐惧感是很多人在演讲前都有的不良心理，其对演讲的影响不容忽视。如果我们不能及时消除这种恐惧感，很容易在演讲中紧张不安、手足无措，进而影响演讲效果。反之，如果我们对演讲充满信心，放松身心，则演讲时的思维就会更清晰，表达更自如，演讲更顺畅。可见，克服演讲恐惧，稳定情绪，是演讲成功的关键因素之一。

2016年，在澳门威尼斯人酒店的那次演讲，是我演讲生涯的一个里程碑。那是我首次在拥有5000多名听众的大型现场分享"故事的力量"。在后台，我能看到三分之二的观众。在如此盛大的场合下，可能许多演讲者都会情不自禁地颤抖，紧张得满头大汗。然而，我当时虽然有些许紧张，但更多的是兴奋与激动。

当我走上演讲台，耀眼的灯光、满场的观众都在我的眼中。当我开口演讲的那一刻，所有的紧张感瞬间消失了。那个晚上，我成功地向在场的听众展示了故事力量的独特魅力。这一切，都与我之前的准备工作分不开。回顾那场演讲，我认为有以下几个方面的因素至关重要。

●勤奋练习。还记得演讲的前一天晚上，我在房间对着落地窗，反复练习了4次，总计4个小时。

●针对性演练。我练习的不是演讲稿，而是框架。这样每一次的演讲状态都会有所不同，而这保证了我在演讲时的灵活和自如。

●提升演讲的连贯性。很多人在演讲练习时，一旦出错就停下来重新开始，这其实是一个非常不好的习惯。我把每次练习都当作真实的演讲，尽量不停顿，即使出现停顿，我也会找方法继续下去。

●提前熟悉环境。提前熟悉演讲环境非常重要。比如我曾辅导过很多企业文化故事大赛的选手，每一次我都会建议参赛选手，如果条件允许一定要提前一天到演讲场地熟悉环境，站在讲台上，环视全场，想象演讲的场景。这一过程可以极大地增强我们对现场的熟悉感，有助于缓解紧张情绪。

如果时间允许，我们还可以在台上练习演讲，包括走位、眼神交流等。如果有同事或朋友配合，可以安排他们坐在现场的适当位置，进行演讲的真实演练。这种真实的演讲体验可以使我们熟悉和适应演讲的环境，从而消除演讲时的紧张感与恐惧感。

●提升开场的力度与舒畅度。熟悉的环境可以让我们保持更轻松的状态。当我们上台后能够顺利开口讲出开场白时，大部分的紧张情绪会消退，因此，确保开场白简洁、有力且容易表达是非常关键的。

以上方法是我们克服演讲恐惧，确保演讲效果的关键所在。只要我们使用这些方法做好心理准备，并进行刻意练习，演讲也可以信手拈来，成为我们提升生活与工作品质的有效工具。

◆演讲如何拉近与听众的距离

在演讲中，我们与听众之间的距离决定了演讲的影响力。若距离过远，演讲的信息则无法有效地传达。若距离拉近，我们则可以从内心改变听众的认知、决策与行为。要拉近与听众的距离，我们需要记住一个演讲的关键技巧：坦诚相待。坦诚不仅让我们的演讲更有真实感，也让我们的表达更有力量。

在演讲中，我们可以用以下三种方法展现我们的坦诚。

1. 真实呈现自我

我们需要在演讲中真实呈现自我，而非塑造一个完美无瑕的虚构人物。因为听众欣赏的是真实的人，而不是完美的机器人。我们可以适当分享自己的经历、情感，甚至失败的经验，让听众感受到我们的真实。

2. 用真实的语言和情感交流

演讲的语言应贴近听众，避免使用过于复杂或专业的词汇，让听众能够理解并感同身受。演讲的情感也应该真实，真情流露的表达才能打动听众，引发听众的共鸣。

3. 公开进行对话

在演讲过程中，我们可以尝试与听众进行公开的对话，这不仅能让我们了解听众的需求和想法，也能拉近我们与听众的距离。

坦诚让我们走近听众，真实让我们打动听众，对话让我们了解和服务听众。不过坦诚并不代表毫无顾忌地表达，比如有些演讲者在演讲状态不佳时会说："不好意思，我也不是这方面的专家，只是有点经验而已""对不起，最近工作过于繁忙，导致今天状态不好。"这些表达在听众看来并非坦诚，更像是能力不足的借口，会降低我们在听众心目中的形象。所以，坦诚主要是针对演讲内容的表达，而非针对演讲者自身。

◆演讲如何通过互动控场

互动在演讲中具有重要的作用。有效的互动不仅能提升听众的参与度，使听众更深入地理解演讲内容，而且还可以帮助我们实时调整演讲节奏和内容，达到更好的效果。下面我们就详细探讨如何通过互动来控场。

1. 提问与引导式

提问是一种最常见的演讲互动形式。我们可以在演讲中设置问题，邀请听众参与讨论。这不仅可以测试听众对演讲内容的理解程度，还可以引导听众思考，进一步深入理解主题。此外，提问还可以用来调动听众的注意力，当我们觉得听众开始分心或者需要突出重点时，可以利用提问来重新吸引听众的注意力。

然而，演讲中的提问并不总是为了获得真正的回答。实际上，一个好的问题会激发听众的思考，使听众产生共鸣，尤其是在大型的演讲场合。

例如，在前面提到的那场5000人的演讲中，我明知提问可能得不到听众的回应。但我还是提问了，比如问他们："在以前的沟通中，使用过故事的请举手。"看到那么多人举手，我知道这个问题成功引起了他们的注意。

之后我又提出了一个更深入的问题："我们为什么要讲故事？"这时，我故意暂停几秒钟，让这个问题在听众的脑海中回荡。接着我补充道："或许，每个人都有自己的答案。但我觉得这个答案相当有趣——因为其他方法不起作用。"

这种互动方式不仅可以持续吸引听众的注意力，还能引导他们沿着演讲者的思路进行思考，确保他们始终与演讲者的节奏保持一致。

2. 故事（案例）分享与讨论式

分享真实的故事（案例）是一种有效的互动方式。我们可以让听众对故事进行分析，讨论他们的见解。这种方式不仅能让听众更好地理解演讲主题，还能提高他们的思考能力，增强他们对演讲内容的记忆。例如，当我们在讲述营销策略时，可以引入一些知名企业的营销案例，让听众分析他们是如何定位产品，如何做广告的。

这样的问题不仅可以鼓励听众对案例进行深度分析，还能帮助他们从中提炼出关键的学习点。同时，作为演讲者，我们也应该对可能得到的答案有所预期，为随后的内容做好铺垫。

假设我们在讲述一个关于苹果公司早期营销策略的案例，在分享完案例后，我提问："大家认为，是什么让苹果公司在众多竞争对手中脱颖而出呢？"给听众几秒钟的思考时间，我进一步补充："有人可能会说，是因为其独特的产品设计或者出色的广告策略。但在我看来，除了这些，苹果公司成功的关键是它从始至终坚守的品牌理念和用户体验。"

通过这种方式，我们既了解了听众的答案，又为接下来要表达的观点做了铺垫，从而确保听众与我们的思维保持同步，并获得更深层次的启示。

3. 现场活动式

现场活动是一种有效的互动方式。通过设计一些小游戏或者小活动，我们可以让听众在互动中学习，同时也能调节演讲节奏和氛围，让听众在轻松的环境中更好地吸收和记住信息。不过当我们面对大量听众时，设计的互动方式要简洁、直接且能迅速引发共鸣。简短的互动不仅有助于增强信息传播效果，还能在某种程度上让大家放松心情，使整个演讲过程生动有趣。

例如，我在另外一场2000人的演讲中，尝试了一个简单而又能够迅速消除现场陌生氛围的方法。让听众与身边的人握手，并相互表达："我希望和你一起进步。"这样简单的方式，不仅打破了人与人之间的距离，而且给大家带来了轻松愉快的气氛，让每个人都充满了参与感。

4. 技术支持式

现代技术可以帮助我们更好地与听众互动。比如我们可以使用在线投票工具，让听众对某个问题进行投票，然后现场展示投票结果。这不仅能让听众参与进来，还能让我们了解听众的想法，从而对演讲内容进行实时调整。

在演讲中，我们不仅是讲述者，更是引导者。通过有效的互动，我们可以引导听众深入理解主题，同时也可以实时调整自己的演讲，让演讲更符合听众的需求和期待。

◆演讲准备时，刻意练习的四个方法

刻意练习并不是常规、机械式的重复练习，而是一种目标明确、专注且具有挑战性的训练。对于演讲者而言，刻意练习不仅可以提升演讲技巧，更可以寻找并修

复自己在演讲中的不足，让自己在实际演讲中能够流畅、自信地表达。接下来，我将分享一些针对演讲进行刻意练习的方法。

1. 针对演讲内容的练习

在针对演讲内容的练习中，我们需要培养一个习惯，即进行演讲准备时，不要把做PPT作为首要任务，而应该在明确演讲内容并梳理演讲思路后，再呈现在PPT上。

之后，再根据PPT对演讲内容进行深入研究和理解，并设定一些目标，比如我们希望听众能理解的重点、我们想要表达的情感等。根据这些目标，反复练习演讲的内容。在每一次练习后，我们都要反思自己的表达是否达到了预期目标。如果没有，我们需要找出问题，然后在下一次练习中改进。

2. 针对语言和语气的练习

演讲不仅是内容的表达，更是情绪的传递。因此，我们需要对语言和语气进行刻意练习。可以先录制自己的演讲视频，然后反复观看，观察自己的语言是否流畅，语气是否符合内容的需要。如果不满意，我们就需要调整，然后再次练习。

在日常生活中，我们可以刻意观察一些演讲者的语言和语气变化，比如新闻主持人的重音变化，脱口秀演员的讲话节奏以及相声演员的语言设计技巧等。这对于我们练习自己的语言、语气、语调、节奏感都有很大的帮助。

3. 针对身体语言的练习

身体语言是演讲中非常重要的一部分。我们可以练习运用身体语言来增强我们的演讲效果。例如，我们可以练习如何用手势来强调重点，如何用眼神与听众进行交流等。

在我过去任职的一家德国制造业公司中，有一位资深技术讲师。每当他讲解技术内容时，都会不自觉地将一只手抬至肩膀的高度并保持这个姿势。尽管我们觉得这个姿势有些尴尬，但我们难以开口告诉他。

有一次，公司组织了一场培训课程，课程中有一个环节是为每位讲师录制视频。在集体回看这些视频时，我注意到那位前辈的眉头紧锁，显得有些不安，他随后小心翼翼地问我："我平时讲课时真的一直这样举着手吗？"我实事求是地回答："是的。"自那次培训后，我注意到他开始刻意避免这个动作。

这个案例给我带来了一个宝贵的启示：录制并回放自己的演讲视频是一个非常有用的自我检查方法。它能够帮助我们发现那些之前并未意识到的问题。

4. 针对场景的模拟练习

另一个刻意练习的方法是模拟实际的演讲场景。我们可以在家中设置一个小舞台，邀请家人或者朋友充当听众，或者对着镜子进行模拟演讲。这种练习可以让我们在实际演讲前适应演讲场景，减少实际演讲中的紧张感。

刻意练习是演讲准备的重要一环。通过针对演讲内容、语言语气、身体语言以及场景的深入练习，我们可以发现并修复自己的不足，提高演讲效果。演讲的每一个细节都值得我们去反复练习，因为每一个细节的优化，都会使我们的演讲更精彩。

关于刻意练习，我还有两点建议与大家分享。

（1）加强平日训练和思考。中央广播电视总台的主持人欧阳夏丹曾在一次采访中提及，这个世界上没有真正意义的"无准备演讲"。任何"即兴"发言，其背后都是平日里大量训练与思考的积累。我们可以尝试在参加会议或者看电视时，观察他人被主持人突然提问时的反应，我们可以尝试换位思考，如果自己身处其中，应该如何回答。尤其要思考如何用简洁的方式来回答。

大量的日常刻意练习可以使我们在面对突发情况时反应更迅速。

例如，在多年的练习中，我养成了一种迅速构思的思维习惯。当突然遇到提问时，我会习惯性地回答："这件事我们需要从三个方面考虑。"即使这三个方面我尚未完全思考清楚，但这种框架式的回答策略会迫使我迅速整理思路。这种强迫自己急速构思的习惯能够有效强化我们的分析能力与语言整理能力，进而使我们的回答更有条理。

（2）注重词汇的积累。另一个值得投入时间的刻意练习是积累词汇。我们平时可以从互联网、电视节目或书籍中，收集和记录一些有力的关键词。有了这些词汇的储备，我们在发言或回答问题时，会更加得心应手，因为我们有足够的词汇量来支撑我们的发言。

例如，俞敏洪在直播间曾说过这样一句话：人除了要有知识，还要有常识和见识；常识可以让我们做事合理，见识可以让我们把事情看得更远。在这简短的话语中，我认为"知识、常识、见识"是三个非常有意义的词汇，于是我将其记录下来，便于未来应用。

为了使演讲内容更具深度和影响力，我结合自身演讲经验，总结了一套演讲"成咖（大咖、专家）四步法"，具体的方法如下。

（1）阅读。提及阅读很多人误认为是看书。事实上，阅读不应该局限于书本，应该涵盖生活的方方面面。我们需要学会阅读生活，深入观察和发现生活中的每一个细微之处，同时聆听他人的故事，从而拓展我们的认知边界。

（2）思考。在阅读的过程中，我们要有所思考，有所洞察，有所感悟。阅读而不思考，仅仅浏览信息，无法让我们从中获得洞见。

（3）实践。当我们经过思考得出观点和理论后，应该积极将其运用到实际的生活和工作中。在实践中，我们要不断完善自己的视角，调整与他人的相处方式。

（4）输出。实践后，我们要对获得的经验和心得进行沉淀，形成文字输出。输出不仅是对我们思考和实践的检验，更是一个提炼和升华的过程。

如果我们能够熟练应用这一方法，那么在演讲时我们的素材就会源源不断，演讲内容既丰富又有深度，既具有感染力又具有影响力。

另外，在"输出"的过程中，还有一个非常实用的技巧。我将其称为"333原则"。这一原则并非我自创的，而是好友饶钢老师的分享。饶刚老师是国内著名的财经专家，出版过《这就是会计：资本市场的会计逻辑》《饶胖说IPO：规范运作和公司治理》《董秘：资本务实十二讲》等财经方面的畅销书籍，其思维方式非常独特，与他的交流中，我受益匪浅。

"333原则"主要指三个时间段。

（1）30秒。尝试在短短30秒内，将想要输出的核心内容高度提炼并讲清楚。

（2）3分钟。尝试在3分钟内进一步展开核心内容，进行更清晰、全面的表达。

（3）30分钟。尝试在30分钟内加入更多的素材和细节，输出一个完整、深入的论述。

这三个时间段分别训练了我们的提炼能力、框架构建能力和素材整合能力。对于提升输出效果有很大的帮助。

总之，演讲的每一个细节都需要我们去认真对待和练习。无论是内容、语气、身体语言还是场景模拟，每一个环节的精进都会让我们的演讲更加出色。

> 那些自信满满、语言流畅、情绪饱满的演讲者，并非天生具备演讲才能。他们独特魅力和影响力的背后，是上台前充分的心理准备，以及生活中无数次的刻意练习。
>
> ——赵金星

04
在演讲中讲故事要避开的"陷阱"

故事可以为演讲赋能，一个有效、感人的故事不仅可以增强演讲的效果，更能强化演讲的氛围，从而更快、更好地实现我们的演讲目的。然而，对于讲故事技巧的运用，我们不能只看到其有效的一面，忽而略了其可能隐藏的风险。如果我们在讲故事时陷入了某些误区，那么故事可能会变成演讲中的阻碍，甚至降低我们的演讲效果。这些误区，就是我们在演讲中讲故事时需要规避的"陷阱"。

很多时候，这些"陷阱"隐藏在我们的生活习惯、工作方式、沟通模式中。这些习惯很容易降低故事的表达效果，进而影响整个演讲的呈现。

例如，2021年，我受邀参加了某公司的年会，公司的一位领导进行了年终总结，他讲述了核心团队如何完成本年度最重要项目的经历。他对团队艰苦拼搏、团结一心的表现进行了大力赞扬，并激励公司全体员工在新的一年里再接再厉，为公司的发展贡献更大的力量。

这种借助真实故事、真实体验增强演讲表达效果的方法本是不错的选择，但他的语言习惯却拉低了演讲的效果。在工作中他作为实际工作的规划者与指挥者，习惯性用命令的语气讲话。在这场演讲中，他多次用到了"我要求""我命令""你们必须"等强硬措辞，使得原本应是展现团队艰苦奋斗、战胜挑战的故事，在公司员工听来更像是个人表功大会。因此，大多数员工并没有从他的演讲中感受到激励，甚至表现出不屑的表情。

我们如何避免在讲故事时陷入这些"陷阱"呢？答案就是提前预知、提前防范。下面我将给大家分享演讲中常见的几种"陷阱"，它们可能在哪里出现，以什么样的形式存在，避开的具体方法等。我相信，只要掌握了这些方法，我们的故事就可以为演讲赋能，强化演讲效果。

◆讲故事的人并没有高人一等

无论是演讲，还是讲故事，最忌彼此地位不平等。因为听众聆听我们的演讲与故事，是为了得到有价值的信息，而不是被我们单方面灌输内容，更不愿意被命令或指导。在演讲中讲故事时一定要牢记，我们的身份并没有高人一等。这实际上是演讲中讲故事的第一个"陷阱"。

有些演讲者在讲故事时，可能会因为自身生活与工作习惯，无意中摆出一副高高在上的姿态，导致听众感觉自己是被教育的对象，从而产生抵触情绪。作为演讲者，我们讲故事的目标是让听众愿意倾听，乐于接受，并在故事中得到有价值的信息。

当我们站在听众面前，我们就成了听众的服务者。以分享、倾诉、传达的姿态分享故事，才容易走进听众的内心，帮助他们改变认知、做出决策并采取行动。

例如，我曾听过一位年轻的创业者傲慢地讲述自己的成功经历，他用极其骄傲的姿态与语言讲述自己如何从普通人一步步成为成功人士的。我知道，他的目的是突出现在的成功，强调自己的身份与地位，他认为这样能够激励听众。但事实上，大部分听众认为自己被冒犯了，觉得他是在炫耀自己的成就。事实上，如果我们以一种平等、真诚的态度，讲述自己的经历，听众会更容易产生共鸣，更容易认可我们。

所以，我在此重点强调，在演讲中讲故事必须以一种平等的态度去面对听众，我们要展现出分享者、倾诉者、传达者的姿态，而不是教诲者的形象。我们要用故事拉近与听众的距离，而不是把它变成一道鸿沟。

故事应当是讲述者与听众之间沟通的桥梁，而不是讲述者居高临下的宝座。

要做到这一点，我们要尊重听众。要认识到，演讲时要保持彼此平等。演讲的任务是把我们的知识、经验以故事的形式分享给听众，而不是用它来证明自己比听众高一等。

◆恐吓、羞辱听众是大忌

"恐吓、羞辱"是演讲中讲故事需要规避的第二个"陷阱"。

在演讲中讲故事时，虽然很少有人刻意、恶意威胁或羞辱听众，但很多时候，我们在不自觉的情况下使用了所谓的"善意威胁"，或因不适当的语言导致听众产生了羞愧感，这种做法会对演讲产生反面效果。

所谓"善意威胁"，在故事中主要体现为对某些可怕后果的描述，以让听众对其产生恐惧感。然而，如果我们的描述过于恐怖和夸张，可能会让听众产生被恐吓的感觉，而非我们期待的共鸣。

例如，在一次聚会上，我的一位朋友讲了一个吸烟对身体有害的故事，在他的故事里有一段对吸烟者肺部的分析描述，那种恐怖的画面让我感觉非常恐怖，进而产生了强烈的抵触感。我知道他的目的是让我们注意身体健康，少吸烟，多运动，但这种方式却让我难以接受。

讲故事必须懂得尊重听众。这种尊重不仅是要语言礼貌，还需要关注听众的心理体验，在引导、劝告时找到适当的方法，使听众能接受我们的观点，而不是感到被恐吓。

同时，我们在讲故事时也要避免羞辱听众。在与听众关系紧密的场合，如在职场中或朋友间，可能会不自觉地以某个听众为例，提及一些可能让他们感到羞愧的内容。这种做法很容易让听众感到被羞辱，从而对我们的故事或演讲失去兴趣，甚至产生反感和厌恶。

例如，如果我们在讲述一个关于懒惰的故事时，无意中以某个同事为例，"比如我们部门的迟到大王××"，那么××可能会觉得被羞辱，对我们的故事产生反感。而其他的听众，也可能会因此对我们讲话的语气产生抵触，进而使我们讲述的故事失去说服力。

讲故事时，我们必须顾及听众的感受，避免使用可能让听众感到被恐吓或被羞辱的手段。我们的目标是要让听众愿意听我们的故事，愿意接受我们的观点，而不是让他们感到被威胁或被侮辱。因此，在演讲中讲故事时，我希望大家注意以下几点，这是规避"恐吓、羞辱"这一"陷阱"的主要方法。

（1）在演讲中讲故事涉及负面例子时，尽量以故事角色举例，而不是指向听众。尤其在描述某种不良行为时，尽量以故事人物为主体，而不是指向现场的听众。

（2）讲故事时多采用建设性的语言。尽管我们的目的是改变听众的某些行为或观念，但应避免使用批判性或贬低性的语言。比如我们可以说："如果我们控制自己刷手机的时间，将有更多的时间和精力去学习、交朋友和享受生活。"这种表述方式既表达了我们的观点，又充满了积极向上的力量。

（3）避免过多的恐吓。在向听众描述一个可能的负面结果时，我们要基于听众的接受能力把控描述的程度，确保描述不会吓到听众。一个有效的方式是展示改变行为后的积极结果，而不是强调不改变行为的负面后果。

在演讲中讲故事是为了提升听众的舒适感与亲切感，但恐吓与羞辱大多会带来负面效果。因此，深入思考故事中的细节描述，适当优化演讲互动的方法，是我们有效避坑的策略。

◆别让听众有负罪感

在演讲中讲故事时，我们还会遇到一种情况。那就是为了传达某种观点，我们需要讲述一个故事，让听众感到他们过去的行为或决定是错误的，以此来说服他们接受我们的观点。这种方式虽然能够增强观点的表达效果，但也存在引发听众负罪感的风险。尤其当我们对后果的描述过于严重时，听众可能会对过去的决定或行为感到羞愧。

例如，我们在一场环保主题的演讲中，可能会讲述一些故事来揭示过度消费和浪费对环境的负面影响，从而希望听众能够改变他们的行为。然而，如果我们过于强调这些行为的恶果，而不是提供积极的解决方案，听众可能会因此产生负罪感。

　　讲故事带来的负罪感对演讲有多方面的影响。首先，它会降低听众听故事的舒适度，导致其对我们的演讲产生抵触情绪。其次，负罪感可能会使听众感到无助，认为自己的行为已经造成了无法挽回的后果，从而失去继续听故事的兴趣，这也是现代常见的"摆烂"思维。最后，负罪感会让听众觉得自己正在被批评或者被贬低，会导致听众对我们的信息产生防御心态，而不是以开放的态度接受信息。

　　当然，我也非常清楚演讲时使用故事强化观点，激发听众改变意识的重要性与必要性。为此，我总结了一些技巧分享给大家，相信可以帮助大家规避演讲中让听众产生"负罪感"的陷阱。

　　（1）在演讲中，讲故事时尽量使用积极或激励的故事。通过讲述一些积极的故事，引导听众采取行动来改变现状或解决问题。比如在讲述环保主题时，我们可以分享一些人成功减少浪费，改善环境状况的故事，这种积极的变化会激励听众积极投身于环保事业。

　　（2）提供明确的行动方法。有效减少听众的负罪感，并增强听众行动意愿的关键，是通过明确的行动方法，让听众知道可以通过哪些行动弥补曾经的错误与过失。切记，这一过程中，我们需要站在听众的角度，思考行动的方法，而不是简单地灌输我们的观点。否则，听众会认为我们的演讲或故事是一种"套路"。

　　比如在提供明确行动的方法时，我们可以说："为了改变这种情况，大家需要认清自己的不足，基于自己的实际情况做出一些改变，我能提供的帮助有……"，但千万不要说："想要弥补以前的过失，大家可以使用我的方法……"

　　（3）创造一个"无罪"的环境。当我们分享故事时，我们的语言和态度应该充满接纳和理解，而不是批评和指责。

　　（4）表示理解和鼓励。在演讲中使用故事强化观点与行动，大多会针对某一群体共有的问题，因此产生负罪感的往往不是某一个人，而是某一群人。我们需要明确，这不是一个人的错误，而是大家需要一起面对和解决的问题。这种理解和鼓励，可以减少听众的防备心理，使其更愿意接受我们的建议和信息。

◆小心故事的"阴暗面"

在本书中,我曾多次强调故事不仅有放大演讲效果、强化观点表达的作用,还能够改变听众的认知、思维、决策和行动。这里,我需要再强调一个观点:故事对演讲的放大作用是双向的,故事既能够放大正向演讲效果,也能够放大负面的影响。所以,在演讲中讲故事时我们一定要小心故事的"阴暗面"。故事的"阴暗面"并非指阴暗故事带来的影响,而是指故事带来的负面影响。比如引发听众的不良情绪,否定听众的价值观等。

故事的"阴暗面"通常体现在两个方面:一是扭曲事实;二是在故事中给听众带来过度的情绪反应。这些问题大多是因为我们过于追求故事的生动性和情感张力,而忽略了其真实性和客观性。下面,我们来具体分析一下。

其中,扭曲事实主要表现为,在讲述故事时我们为了让故事更有吸引力,无意中忽略了某些细节或者夸大了事实,导致听众在听故事时忽视了故事背后的真相,从而被误导。

比如有些创业者在讲述自己的创业经历时,会不自觉夸大自己的创业难度,以此彰显自己的智慧与坚韧。当故事情节过于夸张时,则会扭曲事实,对听众造成误导。我曾听一家企业的中层领导分享他如何在一年内成为部门主管的经历。他描述了自己每天睡觉的时间不超过5个小时、每月要读完2本市场营销方面的书籍、平均每天工作时间在12个小时以上、全年基本无休等极端情况。虽然他想借助故事强化"成功需要付出加倍努力"的观点,但他讲完这个故事后,我却听到2位员工小声议论:"咱们就没有做领导的命。"这就是扭曲事实带来的后果,一旦我们夸大情节,很容易让故事产生相反的效果,正如这2名员工,不仅没有得到激励,还为日后的散漫找到了借口。

当故事的情感元素过于激烈时,听众可能会陷入情绪波动中,无法理性思考,甚至可能引发不必要的情绪困扰和负担。在演讲中讲故事时,我们想要避免这类情况,需要注意以下几点。

(1)避免故事掩盖事实。在讲故事的时候,注意保持故事的真实性。虽然故事描述可以适当润色、编辑，但必须以事实为基础。如果为了追求吸引力而夸大或者歪曲事实，那么故事就可能失去其真实的价值。

（2）控制情绪反应的幅度。故事可以激发听众的情绪，但是过度的情绪反应可能会使听众失去理智，忽视关键的信息。因此，我们在讲故事的时候，要适度控制故事中的情感元素，避免情感过于强烈或者波动过大。我们应该通过故事，引导听众的情绪，而不是让情绪控制听众。

另外，当故事的"阴暗面"让听众情绪反应过于激烈时，听众会降低对演讲主题和观点的关注度，转而将注意力放在故事本身上。这将直接导致故事喧宾夺主，不仅降低了演讲效果，还可能会引发听众的过激反应。

故事本身是一把双刃剑，它既能帮助我们更好地表达观点，也可能带来一些意想不到的问题。在演讲中讲故事时，我们更需保持警惕，避免出现故事的"阴暗面"，确保故事更好地服务于我们的演讲。

> 如果我们在讲故事时陷入了某些误区，那么故事可能会成为演讲中的阻碍，降低我们的演讲效果。
>
> ——赵金星

第七章

◇◇◇◇◇◇◇◇◇◇◇◇

多场景演讲设计
让演讲游刃有余

　　演讲是我们生活和工作的必备技能，它看似简单，实则充满挑战。它是我们与外界联系的纽带，是表达观点、推动行动的重要工具。虽然我们时常接触和运用演讲，但真正掌握它的人却是少数。要想成为一名优秀的演讲者，能够随时随地开展有效演讲，我们需要了解演讲的全貌，从听众需求、应用场景、观点表达等方面出发，有效应用故事，增强演讲效果，提高个人魅力。

01

演讲准备时的"1G2W2H"设计模型

在生活和工作中，我们深切感受到，演讲能够为我们带来无数助益。那些懂得演讲的人能够随时随地表达自己，影响他人，甚至改变局势。我们都会羡慕那些情商高、懂沟通的强者。事实上，这些强者并非天赋异禀，而是在不断成长中逐渐摸索和总结出了有效的演讲技巧，这也正是本章研究的重点。

成功的演讲并非偶然，每一位优秀的演讲者，每一场动人的演讲，背后都有深入而周密的设计和准备。能言善辩的演讲者和心拙口夯的羞涩者之间，其实只差一套可操作、全面且具有实效的演讲设计模型，掌握了这种演讲设计思维与设计模板，我们能够逐渐掌控演讲这一强大的社交武器。

下面，我将为大家介绍我基于故事演讲力研究，精心打造的"1G2W2H"设计模型。它包含了演讲设计中的五大关键元素：预期目标（Goal）、听众分析（Who）、标题设立（What）、框架梳理（How）和故事触发点（How）。通过这一模型，我们可以从各个角度提升演讲的效果。

在详细介绍这一模型前，我们需要明确一个关键点：演讲不仅是语言的艺术，更是目标的精准导向。在进行演讲准备时，我们首先要明确预期目标，它是我们的方向盘，决定了演讲的方向。接下来，我们需要深入了解听众的需求、痛点和期待，这些因素都将影响我们的演讲设计。

在此基础上，首先，我们需要一个吸引人的标题，它是我们的灯塔，可以帮助我们吸引听众的注意力，激发他们的好奇心。其次，我们要有一个清晰的框架，它支撑着我们的演讲，使其结构清晰，逻辑严密。最后，我们还需要找到故事的触发点，它是强化演讲效果的精髓，可以让听众产生情感共鸣，更深入地理解和接受我们的观点。

优秀的演讲者如同熟练的驾驶员，他们知道何时加速，何时刹车，何时转向，而这些掌控力恰恰源自对"1G2W2H"设计模型的掌握和运用。

例如，苹果公司前首席执行官史蒂夫·乔布斯的每一场演讲都有"1G2W2H"的影子。他总能明确演讲的目标，即推广一个新产品，深入研究听众的需求，制定对应的演讲策略。他能给演讲一个吸引人的标题，如"Think Different（不同凡响）"；然后，他能梳理出清晰的演讲框架，逐一解答听众可能的问题；最后，他会巧妙地运用故事，简化复杂的科技产品描述，用通俗易懂的语言引发听众共鸣。

所以，无论我们面对的是大型演讲，还是日常工作中的汇报；无论我们的目标是推广一个产品，还是说服一个团队，都可以运用这个模型做准备工作，打造适合各种场景且引人入胜的演讲。

下面，我们深入探索这个模型的每一个环节，共同分析演讲设计的秘密。

◆演讲的预期目标

演讲准备工作的第一步不是构建演讲的框架与内容，而是设定演讲的预期目标。预期目标如同演讲的指南针，能够确保我们的演讲有一个正确的整体走向和定位。很多人误认为这一步非常简单，认为自己非常清楚自己演讲的目的。但事实上预期目标并非泛泛而谈，它需要具体、明确，并且具有针对性。它是演讲者传递的主旨信息，是听众期望从演讲中获取的价值。根据不同的预期目标，可以将演讲目标分为三大类：告知类、说服类和娱乐类。

告知类演讲的主要目标是传递新的信息或观点，为听众拓宽视野。例如，科学家在发布会上向公众介绍新的研究成果；教授在课堂上讲解复杂的理论知识；企业在新品发布会上展示最新的产品等。在这类演讲中，演讲者需要对主题有深入的理解，然后用通俗易懂的语言传递给听众。

说服类演讲的目标是改变或影响听众的观点或行为。例如，慈善机构在筹款活动中说服听众捐款；政治家在竞选演讲中说服选民投票；销售人员在推销产品中说服客户购买等。在这类演讲中，除了必要的事实和数据支持，演讲者还需要使用适当的情感元素，引发听众共鸣。

娱乐类演讲的目标是给听众带来愉快的情绪体验。例如，演员在颁奖典礼上的获奖感言；演讲者在晚宴上的祝酒词；喜剧家在表演中的笑话等。在这类演讲中，演讲者需要用生动有趣的语言，营造一个让听众放松和享受的环境。

演讲的预期目标并非孤立存在，它影响着演讲的内容、形式以及与听众的互动方式等。只有明确了目标，我们才能有的放矢，制定出符合目标的演讲策略，并嵌入合适的故事来增强演讲效果。

◆演讲的听众分析

我在前面提到过，在演讲中听众才是行为的主体，演讲者应该扮演听众服务者的角色。因此，听众分析就成了演讲准备工作的第二个关键点。

我认为，成功的演讲者首先需要成为心理分析师。虽然这一形容有些夸张，但站在听众角度深入理解他们，才能让演讲引发共鸣。

很多人认为，自己对听众十分了解，实则不然。比如我在讲解如何分析听众时，就有学员表示自己对听众十分了解，演讲前会对听众所处的行业及企业特点进行梳理，分析听众所在区域的文化禁忌，思考听众的价值观与人生观等，但最终并不能达到理想的演讲效果。

我对此的解释是，这种听众分析只是对听众所处环境的分析，属于浅层次的听众分析，而深度的听众分析才是演讲成功的关键所在。它不仅是要了解听众的基本信息，更是要理解他们当前的需求和痛点、认知水平、内心期望，甚至可能存在的反对意见。只有深入理解听众，我们的演讲才能产生深远影响。

首先，我们需要了解听众的现状，包括他们目前想要解决的痛点以及他们的固有思维和态度。这可以帮助我们构建与听众的共享视角，找到演讲的切入点。以团队激励发言为例，我们需要了解团队成员的团结意识，他们对团队协作的看法，以及目前团队协作面临的挑战。

其次，我们要评估听众的认知水平，即听众对演讲主题的理解程度。这决定了我们在演讲中需要解释的内容和使用的语言。例如，如果听众是科研人员，我们可以使用专业术语进行深度分析；如果面对的是公众，我们则需要使用通俗易懂的语言。

评估听众认知层次的因素主要有三个，分别是年龄层次、专业水平和地区经济水平。我们结合这三个因素，思考演讲场景的设计，可以让演讲与故事更贴近听众。

再次，我们需要了解听众对本次演讲的内心期许。这些内心期许不仅是吸引听众的关键点，也是我们持续抓住听众心理的重要因素。针对听众期许规划演讲内容与思路，有助于我们更好地满足听众的期待。例如，面对企业家听众，他们可能期待从演讲中获取新的商业观点和策略。

最后，我们需要预判可能出现的反对意见。这一点对于确保演讲的效果尤为重要，因此，我们需要找到有效的方法来应对和化解反对意见。例如，如果我们在演讲中要提出一个新的教育观点，则需要预判可能会有教育工作者或家长对这个观点有异议，然后在演讲中提前解答这些异议。

演讲不是单方面的输出，而是与听众的深入交流和互动，只有将演讲建构在听众的需求和期待上，我们的言辞才更有说服力。因此，听众分析是演讲准备中不可或缺的一环。深度的听众分析能帮助我们明确演讲的方向，使我们的演讲更有针对性，更能触动听众，从而提升演讲的效果。

◆演讲的标题设立

演讲的标题如同演讲的灯塔，可以为演讲指明方向，引导听众的预设期望。一个精心设计的标题，不仅能激发听众的兴趣，引导他们关注演讲内容，更能预设他们的思维框架。

从听众角度来分析，演讲的标题是听众对演讲的第一印象，决定了听众的群体属性。为设计一个有力的演讲标题，我总结了六种有效的格式供大家参考。

●说明格式。说明格式通过直接讲解、表达，明确标题的中心思想，如"我们在一起，让制造业变得简单""财务人员的说话之道"。这种标题清晰明了，直接向听众展示了演讲的主要内容。

●对称格式。这种格式的标题通常包含两个相对或互补的部分，如"恐惧与勇气""风云再起，未来已来"。这种标题设计引人入胜，让听众好奇演讲者会如何从一种状态转变到另一种状态。

●问题格式。这种格式的标题以一个问题的形式提出，如"我们为什么要去火星？""面对人工智能，我们有选择吗？"这种标题会激发听众的好奇心，听众会期待在演讲中找到问题的答案。

●强调格式。这种格式的标题突出了演讲的主要论点，如"为什么心态比智商更重要""我准备好了！"这种标题强烈地表达了演讲者的观点，让听众更期待听到演讲者的讲述。

●引用格式。这种格式的标题引用了名言、俗语或电影书名，如"独行侠：我在创业路上的独自旅行""亮剑精神"。这种标题能给人留下深刻的印象，并引发听众的共鸣。

演讲的标题不仅是一串简单的字词，更是演讲者和听众的心灵通道。一个引人入胜的演讲标题，能引导听众的思维，帮助我们在演讲中不断深化中心思想。

◆演讲的框架梳理

一场精彩的演讲除了有引人入胜的标题，还需要一个能支撑思想和情感表达的演讲框架，使演讲完整、丰满、充实、顺畅且生动。我们可以这样理解，一场有效的演讲如同一部电影，它需要有引人入胜的剧情，有高潮迭起和情节转折，有情感的投入和共鸣。这些正是由框架决定的。

从演讲设计角度来分析，演讲的框架梳理分析有三种常用的结构：时间线、地点线和方面线。

时间线是最常见的一种演讲结构。这种结构按照时间的顺序来组织演讲的内容，为听众提供一个清晰的逻辑流程。它并不局限于分享个人的生涯故事，更多的是按照时间的推进，向听众展示某一事件或项目的发展历程。例如，可以展示一个人在18岁、28岁和38岁时的人生选择与变化；或者描述一个项目在开始、执行过程和结束时的各种挑战和成果；再或者针对一个特定的话题，展示其在2015年、2018年和2020年的发展与转变。

地点线则强调地点和环境的变化对我们的经历或观点的影响。比如我们可以分享自己在不同的国家或城市的经历，讲述这些地方如何塑造了我们的人生观和价值观。

方面线是从不同的角度来审视一个主题，进而展现该主题的复杂性与深度。这种结构在演讲中通常表现为围绕不同的关键词或主题切入点展开讨论。

例如，当我们介绍企业文化时，可以从愿景、使命和价值观这三个方面进行深入探讨。如果要论述故事是如何影响人们的，我们可以从思维、情感和行为这三个维度去分析。在讨论培训对学员的影响时，我们可以将重点放在培训师如何改变学员的态度、知识和技能等方面。

这种方式不仅使听众更容易理解和记住演讲的内容，还能确保演讲更具深度和广度，从而促进信息的吸收和理解。

虽然时间线、地点线为演讲提供了清晰的结构和框架，但仅仅依赖它们还不足以确保演讲的连贯性和深度。我们还必须基于结构确定一个或多个核心关键词，而这些核心关键词大多体现为方面线。它如同演讲的逻辑纽带，可以确保内容更有条理，从而与听众产生更深的联系。

例如，如果我们采用时间线为框架，描述一个项目的创新发展历程。从时间线出发，这一项目历程有三个关键时间节点，分别是2015年、2018年和2020年，但仅仅这三个时间点并不能展现项目的创新与发展的深度。这时，我们就需要为这三个时间点匹配三个核心关键词，如2015年的核心关键词是"迭代"，2018年的核心关键词是"质变"，2020年的核心关键词是"颠覆"，围绕着这样的时间线和方面线展开描述，演讲内容才会更具说服力和吸引力。

简而言之，这些核心关键词是演讲主题的逻辑节点，它们能确保演讲在具有合理结构的同时，也不失深度和连贯性。

设计演讲框架就像编织一张网，它连接我们与听众的思想，帮助我们把听众引入演讲的世界中。无论选择哪种演讲框架，我们的目标始终是提升演讲效果，让观点有效触动听众内心。

◆ 演讲的故事触发点

讲故事是演讲中的一种高效方式，它不仅能够帮助我们展示思想，还能激发听众的共鸣，增强信息的吸收与记忆。要想在演讲中巧妙借助故事的力量，就需要找到故事的嵌入方法，这就是演讲的故事触发点。只有触发点合理，故事才不会显得突兀，演讲才会更加舒畅，故事与演讲才能融为一体。演讲的故事触发点包括以下四个。

● 我们可以选择与主题关联的事实或现象作为触发点。当演讲涉及与现实生活或最新研究紧密相关的主题时，这些事实便可以顺利地引出故事。例如，当谈论年轻人的韧性时，可以插入一个年轻人如何面对挑战的故事。

● 个人或群体的经历也可以作为故事的触发点。当演讲主题与某个人或群体的经历息息相关时，他们的经验可以顺利引出故事。例如，当讨论领导力时，提及一位知名领导者的经历可以为听众提供生动的例证。

● 具体场景也可以作为故事的触发点。当演讲者讲述与某个具体场景相关的主题时，可以使用这个场景作为故事的触发点。例如，在强调团队合作的重要性时，可以描述一个项目团队如何协同工作、解决问题的故事。

● 数据或研究也可以成为故事的触发点。当演讲内容包含具体的数据或研究成果时，这些数据可以作为故事提供触发点。例如，在分析销售数据时，可以插入一个销售团队如何根据这些数据调整策略，从而提高业绩的故事。

演讲的故事触发点在演讲中发挥着影响听众情绪变化，激发思考，推动行动的作用。找到恰当的触发点并巧妙地融入故事，能够使听众更投入，更容易理解和记住演讲内容，从而达到演讲的预期效果。它不仅是故事嵌入演讲的契机，更是策略性的演讲工具，能够把听众顺利带入故事的世界中，引导他们看到故事中描述的风景。

　　成功的演讲并非偶然，每一位优秀的演讲者，每一场动人的演讲，背后都有深入而周密的设计和准备。

——赵金星

02

三段式演讲地图

演讲不是一场简单的语言表演，而是我们展示自己、改变他人的重要途径，想要达到和强化这两个目的，需要我们对演讲进行精准把控，对演讲的各个板块、各个细节进行精心设计。为此，我打造了"三段式演讲地图"，如表7-1所示，旨在帮助大家更加直观、轻松、有效地完成演讲，同时明确如何在演讲中巧妙地运用故事的力量。

这里所谓的演讲地图，就是指演讲时候的路径，即演讲者清楚地知道下一步应该做什么，让演讲就如地图导航一般，明确目的地以及路上哪些地方需要转弯。"三段式演讲地图"能让演讲者做到心中有图，演讲有路。

"三段式演讲地图"将演讲的过程分割成"拉开序幕""大戏上演"和"余音绕梁"三个阶段，每个阶段都有其特殊的作用和意义。这种清晰的结构，不仅能够帮助我们有效地组织和传达信息，也能帮助我们按照预设的节奏和逻辑去添加故事，增强演讲效果。

表7-1 三段式演讲地图

阶段	内容		
拉开序幕	引发兴趣		
	明确主题		
大戏上演	钉子 1	钉子 2	钉子 3
	内容讲解	内容讲解	内容讲解
	小结	小结	小结
余音绕梁	总结回顾		
	主题升华		

"拉开序幕"是演讲的开场，目的是吸引听众的注意力并明确主题。作为演讲的门面，开场必须引人入胜，这是我们赢得听众好感和建立信任的关键时刻。只有当听众对演讲主题感兴趣，他们才会愿意花时间去听演讲。这一阶段的精准设计和执行，可以极大地提升演讲的开场效果，为整个演讲奠定坚实的基础。

"大戏上演"是演讲的主体，主要聚焦于论点的提出和展开。在这里，我们可以引入一到三个关键论点（观点），并为每个论点设立一个"钉子"。这些"钉子"的作用是把故事的关键论点直观、深刻地"钉"在听众头脑里。需要注意，"钉子"常见于以方面线为结构的故事中，在时间线和地点线为结构的故事中，不需要使用"钉子"。

"钉子"的数量建议三个为佳，这既避免了信息过载导致听众疲劳，又保证了演讲的深度和广度。每个论点搭配详细有趣的内容讲解和小结，使我们的论点得到逐步深化和明确，从而增强论点的说服力。

"余音绕梁"是演讲的收尾阶段，这一阶段主要是回顾前面的论点和主题升华。通过对前面论点的再次梳理和强调，使得论点更加深入人心。此外，通过主题的推动升华，不仅可以引导听众对演讲进行更深层次的思考，同时也为演讲画上一个完美的句号，使得听众在演讲结束后，仍回味无穷。

通过"三段式演讲地图"我们可以清晰地看到演讲的整体结构和逻辑；进而帮助我们在演讲设计阶段制定更有针对性的演讲策略，提高演讲的结构性和逻辑性；同时为实际演讲过程提供一个明确的参考框架，使演讲更流畅和更连贯。不过，在利用"三段式演讲地图"设计演讲时，我们需要把握一个重要原则：确保演讲设计内容之间不重叠，使用清晰的逻辑把各个部分进行有效连接。对于听众来说，清晰、有逻辑的演讲更容易理解和接受，从而提高我们演讲的效果和影响力。

◆ 演讲如何"拉开序幕"

"拉开序幕"就像是一部电影的开头，决定着听众是否愿意投入时间和精力去关注我们随后的演讲内容。虽然这一阶段占用的时间较短，但极其重要。根据我们前面提到的"三分钟原则"，如果我们不能在开场迅速吸引听众的注意力并激发听众的兴趣，预设演讲的主题，则很难引导他们进入随后的演讲世界。

从"三段式演讲地图"中可以看出，"拉开序幕"的关键内容是引发兴趣、明确主题，而这两项内容也是吸引听众的关键。如果演讲开场就能激发听众的兴趣，那么他们就更愿意投入演讲中。我们可以通过提出一个引人入胜的问题，分享一个有趣的事实，或者讲述一个吸引人的故事来激发听众的好奇心。

不过，"拉开序幕"阶段的时间一定要短，因为讲故事的核心是激发听众的兴趣并清晰地设定演讲的主题，一旦故事过长反而会让听众思维偏离，不能顺利进入演讲的主体部分。

除了讲故事，我们还可以使用以下方法引起听众的兴趣。

（1）提出引人入胜的问题。这种开场方式会迅速激发听众的好奇心。

（2）分享令人震惊的统计数据。震惊的统计数据可以迅速吸引听众的注意力。

（3）展现一个意想不到的行为。不寻常的事物自带吸引力。

（4）对未来进行展望。提供一个未来的画面，让听众对接下来的内容充满期待。

（5）引用实际经验。听众通常对实际经验故事更有兴趣。

（6）引用时事新闻。当前的热点新闻往往能引起人们的关注。

（7）做出一个大胆的断言。这样可以立刻吸引听众的注意力。

（8）使用具体的道具。视觉的刺激往往比语言更能引起听众的兴趣。

在引发兴趣的同时，我们还可以界定演讲主题，让听众对演讲有更明确的期待。这样，他们在听演讲时就有了清晰的目标和期待。只要主题契合听众的期待与需求，同样可以迅速吸引听众的注意力。

利用简短的故事来开场远比直白的信息表达更有力，这是因为故事独有的趣味性与逻辑性，能够吸引听众的注意力。这是因为人们潜意识中对故事有更高的关注度。

简短的故事不仅可以吸引听众的注意力，也能快速传达信息。听众在对故事产生兴趣的同时，也会不自觉地剖析故事，所以使用故事开场，可以更有效地引发听众的兴趣，并成功设定演讲主题。

利用简短故事拉开演讲序幕需要我们选择一个与主题相关的故事。这个故事可以是真实的案例，也可以是寓言故事或者是个人的经历。关键是这个故事要能够与主题建立起联系，引导听众进入演讲中。

由于演讲开篇时长有限，所以在讲故事的方式上不宜过多铺垫，剧情不要拖沓。我们需要使用生动、具象的语言，让听众迅速在脑海中构建出故事的画面，进而持续关注后续的演讲内容。

总而言之，一个出色的开场，就像是一把打开听众心灵的钥匙，而故事就是这把钥匙的关键所在。通过精心设计开场主题，选择合适的故事，我们可以快速改变听众状态，让他们乐于聆听演讲，并从中获得有价值的信息和启示。

◆演讲如何让"大戏上演"

演讲能否达到最终效果，主要看我们观点表达的是否清晰，而"大戏上演"阶段决定着最终效果。在一场演讲的核心部分，如果我们把各个观点表述得鲜明突出，内涵丰富有深度，那么听众自然能够接受更多信息，并受到深远的影响。下面，我们来详细分析如何让演讲的大戏顺利上演。

经过精彩的开篇之后，随后进入观点表达阶段。为了加深听众对故事观点的印象，我们可以在演讲开篇之后，先展示我们的论点，让它们如同"钉子"一样"钉"在听众的大脑中，如此我们的故事才能更好地影响听众。因此，我们也可以把这些观点称为"钉子"。

这里，我和大家分享一个案例。

几年前，我受邀参加了一家瑞典软件公司第五代产品的发布会，并与这家公司的一位高层管理者讨论了发布会的演讲内容。面对演讲稿中复杂的内容以及生硬的标题，我不禁问道："我们新一代产品最大的作用是什么？"他回答："我们的新一代软件能够让制造业领域的中小企业主更方便、高效地管理企业。"针对新一代产品的这一亮点，我说道："我是否可以理解为，新一代产品就是为了让制造业变得更简单？"这位管理者听后十分激动，立即说道："的确如此，这就是我们新产品发布会的核心观点。"于是这场发布会的主题为"我们在一起，让制造业变简单。"

随后，我们开始讨论发布会的三个"钉子"，并得出了以下结论。

"钉子"1：新一代产品能够让中小企业主更全面、清晰地掌控生产制造流程。

"钉子"2：新一代产品能够让中小企业主及时发现并解决生产制造流程中的问题。

"钉子"3：新一代产品能够让中小企业主更清晰地了解现金流。

然而，这三个"钉子"复杂且冗长，听众无法轻松理解和记忆。它们不符合"整洁"原则，即"钉子"要设计得对称、分离、一致。对此，我将三个"钉子"进行了如下调整。

"钉子"1：看得简单。

"钉子"2：指挥简单。

"钉子"3：赚钱简单。

这位高管作为发布会的重要嘉宾，运用这三个"钉子"进行了一场精彩的演讲。

半年后，这位高管和我通了微信电话，电话中他非常兴奋地表示，自己偶遇了发布会上的一位客户，客户表示，直至今日依然清晰记得"我们在一起，让制造业变简单"的发布会主题，同时也记住了新一代产品的三个"简单"特征。这场不足20

分钟的演讲不仅让这位高管极大降低了与客户沟通的时间成本，还提升了沟通效果。

在具体设计上，对称主要表现为钉子的格式对称字数一致。具体的方式可以是对核心观点进行格式对称的总结或概述，也可以是给核心观点戴上一顶格式对称且接地气的"帽子"。例如，"一辆车、一碗面和一盒药"。

钉子"的分离原则是指"钉子"的逻辑与概念一定是分离的，要消除内容上的连接。分离原则是很多人在设计"钉子"时容易忽略的一点。

例如，在一次培训过程中，一位员工在介绍产品特性时设计了"灵活、便捷、高效"三个钉子。这三个"钉子"就存在概念与逻辑不清晰的问题。这种逻辑关系模糊的"钉子"很难让听众明确产品的真实特征。

因此，我们在设计"钉子"时一定要确保每个"钉子"的逻辑都是分离且清晰的。

另外，分离还表现为各个"钉子"处于同一维度。例如，亚洲、中国、日本，这三个"钉子"就不处于同一维度，这三个"钉子"之间既不是并列关系也不是递进关系。这样的"钉子"容易让人产生误解，可以调整为亚洲、美洲、欧洲，或者中国、日本、韩国，或者亚洲、中国、上海。

除了逻辑及维度的分离，我们还需要注意内容上也要分离。在同一场演讲中，同一主题下的不同论点之间存在必然联系，演讲过程中容易出现"钉子"分离，但讲述内容重复的情况。比如演讲者在讲述第一个"钉子"时关联到了第三个"钉子"，这时他不自觉地对第三个"钉子"进行了讲解。这会出现两种状况：一是讲述第三个"钉子"时无话可讲，只能草草收场，让听众认为第三个"钉子"讲述不清，重要性不足；二是将前面讲述的内容再讲一遍，让听众感觉重复、啰唆。所以我们一定要在"钉子"逻辑及维度分离的同时，演讲内容也要分离。

所谓一致，即三个"钉子"的方向要一致，共同指向演讲的最终目的。我多次遇到学员在设计演讲的"钉子"后向我询问，能否更改演讲的主题。这就是"钉子"与演讲主题不一致的典型表现。我们设置"钉子"是为了突出主题，实现演讲的目的，若基于"钉子"而修改主题，则成了本末倒置，会使我们的演讲失去最初的意义。

之所以出现这一情况，主要是因为我们设计"钉子"时过于关注论点本身的内涵，而忘记了论点为主题和目的服务的作用。因此，在设计"钉子"的过程中，我们需要时刻牢记一致原则，避免"钉子"与演讲主题、演讲目的偏离。

"钉子"的设计方法与原则是演讲展开"大戏上演"阶段的重要基础。在此基础上，我们需要围绕各个"钉子"深入阐述自己的观点，通过举例、讲故事、引用数据等方式来证明观点的正确性。同时，也需要留意听众的反应，适时进行调整。

在内容阐述完毕之后，我们还需要为每个"钉子"做一个小结，这个小结既是对"钉子"的明确，也是各个"钉子"的串联和过渡，有助于听众更好地理解演讲的观点，并顺利从一个"钉子"切换到另一个"钉子"。

"钉子"的出场顺序可以根据实际情况进行调整。我们可以先提出所有"钉子"，然后逐一分析，也可以一边讲述内容一边明确"钉子"，这取决于演讲的整体框架设计和听众的实际需求。

总而言之，"大戏上演"阶段是演讲的精华所在，通过精心设计的"钉子"和有力的论述，我们可以把听众带入演讲的世界中，让他们真切地感受演讲的力量，以及接受我们的观点。

◆演讲如何实现"余音绕梁"

一场优秀的演讲，在结束之时绝非简单的落幕，而应有"余音绕梁"的效果，让听众在离开演讲现场后，依然能回味无穷。要实现这一目标，我们需要在演讲的结尾部分进行精心设计，包括全篇的总结回顾，以及各个观点的再次突出强调。下面，我来详细介绍如何设计演讲的结尾，实现"余音绕梁"的效果。

●当我们的演讲即将结束时，需要对全篇进行总结回顾。这个总结是从演讲逻辑出发，进行一次演讲的整体概述，以便听众能够更好地理解我们的观点，并在心中留下深刻的印象。

例如，在一场以"数字化转型对于传统企业的价值"为主题的演讲中，当演讲进入尾声时，可以这样回顾："在今天的分享中，我们一起探讨了数字化转型的重要性，从挑战到机遇，从变革到创新，每一个案例、每一个观点都为我们揭示了数字化转型的无限可能。"

●我们需要对各个观点（钉子）进行再次突出强调。在这个环节，我们的目标是让听众能够明确记住我们的观点（钉子），并在日后的生活或工作中加以运用。强调观点时，我们可以借助一些生动的比喻或鲜明的例子，使听众能够更直观地理解我们的观点。

例如，乐高的故事告诉我们，数字化转型能够为企业带来强大的市场应变能力；而宝马公司用实际行动证明，数字化转型可以让品牌更准确、深入地挖掘用户的潜在需求。

●我们需要在演讲的结尾部分推动升华，提高演讲的品质，同时达到演讲的目标。这里的推动升华，是指我们需要对前面的观点进行再次提炼和概括，使整个演讲达到一个新的高度。这可以通过进一步深化演讲主题，或者引导听众深入思考演讲主题来实现。

例如，著名的"进化论"奠基人查尔斯·罗伯特·达尔文（Charles Robert Darwin）曾说过，不是最强的物种会存活，也不是最聪明的物种会存活，而是最能适应变化的物种会存活。在数字时代的变革面前，主动拥抱变化和被动迎接挑战，将给企业的发展带来截然不同的结果。

这样一来，我们不仅能让听众了解和接受我们的观点，还能使他们受到启发，对生活有更深的理解和思考。

另外，推动升华是一个系统的过程，它涉及对前面观点的再次提炼和概括，以及对演讲主题的进一步深化。我们可以通过以下几种方法来实现这一目标。

（1）以箴言推动升华。利用富有哲理的名言或格言来加强我们的观点。例如，查尔斯·罗伯特·达尔文的话就强调了适应变化的重要性。

（2）以展望推动升华。对未来进行预测或展望，使听众对演讲主题产生更深入的思考。例如，我们可以预测，随着技术的持续进步，企业面临的数字化转型将更加迅速和复杂。

（3）以行动推动升华。在结尾部分，我们可以号召听众采取某种具体的行动。例如，鼓励听众主动去学习数字技术，或者去考察那些成功实现数字化转型的企业。

（4）以故事推动升华。在结尾部分，一个简短而有意义的故事可以深化听众的理解并引导他们的行为。认知导向的故事可以帮助听众更好地理解数字化转型的重要性；情感导向的故事可以引发听众的情感共鸣，使他们更关心这个主题；行为导向的故事可以鼓励听众采取具体的行动。

只有设计好演讲的结尾部分，实现"余音绕梁"的效果，才能让我们的演讲深刻烙印在听众的脑海中。这种持久的影响既是成功演讲的标准，也是演讲追求的最终目标。

> 清晰的演讲结构，不仅能够帮助我们有效地组织和传达信息，也能帮助我们按照预设的节奏和逻辑去添加故事，增强演讲效果。
>
> ——赵金星

练习："三段式演讲地图"练习

为了帮助大家灵活运用"三段式演讲地图"，我以"成功的品性"为主题，使用"三段式演讲地图"梳理了演讲框架，如表7-2所示。大家可以根据这一框架，思考如何使我们的演讲更有效地展开。

表 7-2 "三段式演讲地图"练习

阶段				内容		
拉开序幕	引发兴趣			提及当代最有成就的人，我们第一时间会想到谁？乔布斯、马斯克？这些成功者的共性，或者他们的过人之处是什么？富有？虽然他们拥有的财富难以想象，但这只是表面的共性，从本质上来讲他们有哪些相同之处呢？大家可能都想知道这个答案，毕竟我们都想取得惊人的人生成就		
	明确主题			这个问题恰恰是我今天要与大家探讨的话题，我们一起来分析究竟是哪些共性使他们成为举世瞩目的成功者。对此，我给出的答案是他们都有"成功的品性"		
大戏上演	钉子	钉子	钉子	成功的品质就是"都有远大的目标"。钉子的名字可以设定为"有愿景" 备选1："登得了顶（目标）" 备选2：用具体的实物作为名字——望远镜（目标）	成功的品质就是"都有自省的习惯"。钉子的名字可以设定为"常自省" 备选1："下得去手（自省）" 备选2：用具体的实物作为名字——放大镜（自省）	成功的品质就是"都有不屈的精神"。钉子的名字可以设定为"够坚韧" 备选1："爬得起来（坚韧）" 备选2：用具体的实物作为名字——青铜镜（坚韧）
	内容讲解	内容讲解	内容讲解	讲述一个成功者有明确且远大目标的故事，以此强化论点，比如乔布斯的故事	讲述一个成功者经常自我反省，不断努力成长的案例，比如马斯克的故事	讲述一个成功者遭遇惨痛失败，越挫越勇的故事，比如任正非的故事
大戏上演	小结	小结	小结	总结成功的第一个前提不是能力，而是有远大的目标和明确的人生规划。之后进行过渡，设定远大的目标只是成功的基础，此外还需要更高层次的品质	总结成功者一定是自知且时常自省的人。他们清楚自己的优势，同时也知道自己每一个阶段的不足，并努力弥补改正。之后进行过渡，引出自知和自省之外，还需要坚持	总结成功者一定是坚持的人，他们不会因为不断的失败，而放弃梦想。

阶段		内容
余音绕梁	总结回顾	现在，我们再回头看一看那些令自己羡慕的成功者，大家有没有意识到，他们的人生中也有过许多与我们的处境相似的经历。他们都是平凡的普通人，而且那些帮助他们取得成功的品性也不是他们独有的。我们同样也可以学会设定远大的目标，时常自我反省，在跌倒七次后，也要坚强地爬起来八次，当我们做到这些后，大家觉得我们的生活是否会发生改变呢
	主题升华	想要出人头地，不仅需要无休止的埋头苦干，更需要明确的人生目标，否则只能在一个固定的圈层中持续打转。每个人都是独一无二的，每个人都能够创造奇迹。只要我们目标明确，并时刻看清自己，改变自己，谁又能断言，在未来的某一天，不会有人愿意斥巨资请我们共进午餐呢

03

多场景下的演讲设计

大家可以回想一下，因为缺乏演讲能力，我们错过了哪些机遇，吃过哪些亏？在工作和生活中，演讲是我们必不可少的能力。因为我们的社会是一个群体，我们需要不断地进行一对多的表达，演讲正是我们用语言、声音表达自己、启发他人的主要方式。

演讲的力量十分强大，它能在短时间内全方位、多层次地展现我们的优势，改变他人对我们的认知，甚至引领一种潮流、一种现象。早走1963年，马丁·路德·金就凭借《我有一个梦想》的演讲激发了全世界对平等的追求，而林肯、奥巴马、海伦·凯勒等人也是通过演讲改变了历史发展的轨迹。可见，演讲能够产生改变世界的力量。

了解了"三段式演讲地图"后，我们能够根据演讲的目的合理设计自己的演讲结构，并根据结构填充、丰富演讲的内容。但不同场景、不同类型的演讲也存在不同的技巧与重点。下面，我们针对面试、工作汇报、向下管理、销售、创业融资、产品发布这些重要的演讲场景，来分析如何提升"三段式演讲地图"的设计效果。

◆面试中的演讲设计

面试是每个职场人士都会经历的重要场合，它关乎我们的未来发展与机遇。在这样的场合中，如何展示自己的经验、能力和潜力至关重要。演讲可以在此过程中起到桥梁的作用，帮助我们准确、高效地传达自我价值。

在面试中，我们需要表达的不仅仅是自我介绍，还要向招聘者有条理地展示自己的价值和经验，这两个要点是面试演讲设计中的关键点。

1. 明确自身价值

在面试演讲设计中，我们一定要展现自己的核心优势。比如在"大戏上演"环节，针对自己的口才能力、动手能力、思维能力设计三个"钉子"，并对应三个故事，让自己的优势更加鲜明、突出。

当然，我们也可以从其他方面突出自己的优势。比如在"大戏上演"环节设计"（工作）能力强""（适应）速度快""（成长）空间大"三个钉子，然后对应三个小故事，在最短时间内更有效地展现自己的价值，打动招聘者，提高应聘概率。

2. 突出个人经验

工作经验或学习经历同样是面试成功与否的重要因素，所以也需要在面试演讲中加以突出。比如在"拉开序幕"环节，我们就可以直接描述："想必各位领导会好奇，像我这样拥有十几年工作经验的人为何选择重新开始，在这个新平台应聘相同的工作？"这样的开场不仅能够引发招聘者的兴趣，还能够突出自身的工作经验。

总而言之，在面试中演讲是一种展示自己、证明自己的重要工具。根据自己的情况和对方的需求，设计出吸引人的、有力的演讲，能够更好地展示自己，达到自己的职业目标。

演讲设计并非仅仅是说话，而是一种全方位的自我展示和自我推销。在这个过程中，将个人价值与经验巧妙融入"三段式演讲地图"中，强化演讲的逻辑和表达，是我们在职场中必须掌握的技巧。

◆工作汇报中的演讲设计

在职场中，工作汇报是一种常见的演讲场景。在这种场景下，我们需要向领导和同事汇报工作进展，表达自己的观点，展示自己的成绩，或者陈述存在的问题。

想要全面达到这些目的，也需要我们巧妙地运用演讲的技巧。

1.明确工作汇报的目的

无论是汇报工作进度、寻求解决方案，还是分享成功经验，不同的目标需要不同的演讲设计。如果是工作进度汇报，则需要清晰、有条理地讲述自己的工作内容和完成情况，以及下一步计划；如果是寻求解决方案，则需要突出问题的重要性，引起听众的关注，同时明确表达自己希望得到的帮助；如果是分享成功经验，则需要通过具体的案例和数据，让听众了解我们的成绩与成功，并从中学到经验。

我们在向领导汇报项目进度时，可以按照"三段式演讲地图"进行设计。首先，在"拉开序幕"环节，可以通过一个项目中的小插曲或者难题来吸引领导的注意。其次，在"大戏上演"环节，可以按照项目的三个主要阶段（"钉子"）展开，对每个阶段的进展和遇到的挑战进行阐述。最后，在"余音绕梁"环节，对整个项目的总体进度进行回顾，并预测接下来的工作安排。

我们向领导汇报寻求解决方案时，首先，在"拉开序幕"环节，可以描述问题的严重性，以此引起领导的关注。其次，在"大戏上演"环节，详细分析问题的根源，并提出可能的解决方案。最后，在"余音绕梁"环节，总结我们需要的资源或支持。

我们在与同事分享成功经验时，首先，我们可以用一个具体的成功案例开始，让听众快速进入主题。其次，详细分析这次成功的关键因素和经验教训，使听众从中明确我们付出的努力。最后，与听众分享自己的感受和对未来的展望。

2.从听众出发，设计自己的演讲内容

不同的听众对信息的接受方式和期待存在差异，我们需要用适合他们的方式，传达信息。在向领导汇报时，我们需要突出自己的工作成果和解决问题的能力；向在同事汇报时，我们需要分享自己的工作经验，帮助他们提高工作效率；在向企业外部人员汇报时，我们需要解释工作中涉及的专业知识，帮助他们更轻松、顺畅地了解我们的工作。

3.考虑演讲的形式和结构

是否需要PPT辅助和数据支持？演讲的结构是否清晰？哪一部分需要故事化的

表达方式？这些都需要在设计演讲时进行全方位考虑。

例如，假设我们是一名市场分析师，负责对一个新产品在市场中的表现进行汇报。除了使用PPT列出关键数据点，如产品的销售增长率、客户的正负面反馈比例以及与竞品的比较等，在"拉开序幕"环节，我们还可以讲述一个产品如何受客户喜爱的故事；在"大戏上演"环节，要对应销售增长率、客户反馈、市场竞品等关键的"钉子"，插入团队努力克服困难的三个故事；在"余音绕梁"环节，分享一个同行业知名品牌的故事，将其对应为我们的发展目标，让听众明确我们的未来定位。

4. 注意语言和表达方式

清晰、简洁、有力的语言不仅能够更好地传达信息，也能展示我们的专业能力。同时，语言表达方式也能体现我们的态度和情感，这对引发听众共鸣，提高演讲说服力非常重要。

例如，在向领导汇报项目进度时，我们在演讲的开篇可以说："各位领导，我今天向大家详细介绍××项目的最新进度。自项目启动以来，我们已经完成了70%的工作，包括前期的需求分析、设计阶段以及部分开发工作。目前，我们正按照预定计划推进，预计下月底前能完成全部开发工作，随后进入测试阶段。这里，我将用一些关键数据和成果来进一步说明情况。"

工作汇报是职场中常见的演讲场景，需要我们结合自己的目的、听众、形式和语言，来进行有针对性设计。这既是一种沟通技巧，也是我们在职场中展示自己的一个重要方式。我们需要通过演讲，让我们的工作得到理解和认可，同时提升我们的职场影响力。

◆ 向下管理中的演讲设计

除了工作汇报，职场中常见的演讲场景还有管理者向下管理时的演讲。有效演讲可以对下级产生深远的影响，决定团队的士气、效率和创新能力。下面，我们来明确在向下管理中的演讲设计应该注意的几个重点。

1. 理解我们的团队

我们需要了解下属的需要、愿望和关注的问题，从而确保演讲的信息与下属产生共鸣。管理者的演讲需要提供对下属有价值的内容，比如工作目标、未来的方向或者解决他们当前问题的建议等。

2. 多用积极、激励的语言

演讲的语言和态度直接影响下属的情绪和工作动力。积极、激励的语言可以提高他们的工作热情，使他们更愿意接受管理者的指导。

3. 保持开放和真诚的态度

作为管理者，我们需要展示真诚和开放的态度，赢得下属的信任。如果我们的演讲传达了对他们的尊重和信任，则更容易建立强大的团队精神。

在明确了以上重点后，我们便可以借助"三段式演讲地图"有效设计向下管理的演讲内容。以下是一个关于强调团队相互团结重要性的设计示例。

1. 拉开序幕

（1）引发兴趣。利用团队的近期情况或最近发生的事件来引发听众的共鸣，从而快速吸引下属的注意力。这需要我们充分理解团队，才能够抓住下属的兴趣点。

（2）明确主题。向团队明确造成这种状况的原因是不团结，今天的演讲就是为了解决这个问题，改变现状。

2. 大戏上演

（1）第一个论点：统一发展目标。"钉子"——同目标：使用一个故事来展示团队目标统一的发展效果，强调统一发展目标的重要性。

（2）第二个论点：增强彼此信任度。"钉子"——更信任：使用团队成员彼此信任、相互鼓励，完成了艰巨任务的一个故事，强调团队信任的价值，并引导下属彼此建立信任。

（3）第三个论点：消除团队内耗行为。"钉子"——不内耗：通过团队内耗的一个故事向下属明确内耗的恶果，让下属明白内耗会导致团队内部沟通不畅，甚至相互伤害。然后分享消除内耗的方法，如加强自我管理，调整心态等。

在这一环节，多使用积极、鼓励的语言能够起到更好的效果，加深下属对论点的理解。

3. 余音绕梁

（1）回顾总结。简要重述关于提升内部团结的方法，重申内部团结的重要性。

（2）主题升华。讲述一个企业因团队互相团结而取得辉煌成就的故事，之后与其对标，表达发展愿景，鼓励下属相互信任、相互帮助和相互支持，进而增强内部团结，扭转被动局面。

在"余音绕梁"环节，我们要尽量表达真诚与信任，让下属感觉我们不是在鞭策，而是引导、鼓励。

作为管理者，我们的演讲不仅是向下属传达信息的工具，更是激励他们、影响他们的有效方法。我们需要通过这类演讲，让团队产生强大的动力，从而提升管理效果。

◆销售过程中的演讲设计

销售过程中，演讲设计的作用不言而喻。一场精心设计的演讲不仅可以吸引客户的注意力，引导他们深入思考，还可以促使他们做出购买的决定。在销售过程中，关于演讲设计应该注意以下几点。

1. 到位的客户分析

我们需要了解自己的客户是谁，其主要需求是什么，他们的痛点在哪里。这样，我们才能确保演讲内容与客户的需求和期望相匹配。

2. 清晰地传达产品或服务的价值

演讲需要说明产品或服务能够带来哪些帮助，解决哪些问题，如何满足客户需求，或者为他们带来哪些实际的利益。这些观点越具体、明确，客户的理解和认可程度越高。

3. 利用故事强化演讲效果

故事在销售过程中既可以帮助我们表达观点，又可以拉近与客户的距离。我们可以讲述一个与产品、服务相关的故事，展现产品是如何帮助客户解决问题的，或者服务是如何带来超出预期价值的。

4.激发客户的情绪

购买决定往往与情绪有关。我们需要在演讲中使用积极的语言来调动客户情绪，促使他们产生更强烈的购买欲望。

把握以上重点后，我们就可以借助"三段式演讲地图"有效设计演讲的内容。事实上，从现代成功的销售演讲中，都可以看出这些重点。

例如，在2019年小米9的发布会上，在"拉开序幕"环节，雷军直接用一个"我们对速度有什么样的追求"的问题为切入点，迅速引起了听众的兴趣。这一问题代表他进行了到位的客户分析，精准把握了消费者的痛点。

在"大戏上演"环节，雷军也通过三个论点展现了小米9的价值。这三个论点分别是全球最快的屏下指纹识别、全球首款支持20W无线闪充、全新的MI Turbo系统，同时还穿插了对应的小故事来强化演讲效果。

在"余音绕梁"环节，雷军再次强调了小米9对"速度"的执着追求，并对整个演讲进行了回顾总结，之后直言不讳地说："我们希望给所有人带来一种全新的体验，一种你从未有过的快感"，进行了整场演讲的升华，激发了听众购买的热情。

由此可见，把握销售过程中的演讲设计要点，然后将其融入"三段式演讲地图"中，可以更有效地提升销售演讲的效果。

销售过程中的演讲设计，是一项复杂而富有挑战性的任务。我们需要充分理解客户，精心设计内容，恰当地运用故事和情绪，有效地引导客户行动。

◆创业融资中的演讲设计

创业融资是个人创新、企业升级的重要举措，在这一过程中一场成功的演讲可以帮助我们获得宝贵的资金支持。下面，我们将了解创业融资演讲设计的几个要点。

1.听众分析

在创业融资演讲之前，我们需要对听众进行详细的分析。因为这些听众随时可能成为我们的投资者或企业的股东，所以对他们的分析需要更细致、更准确。我们需要分析他们关注的是产品或服务的实际应用，还是企业品牌的市场竞争力，亦或是企业的盈利能力。同时，还要了解他们的投资偏好、个人兴趣等。只有全面迎合听众，才能够让演讲的设计更有触动性。

2. 阐述自身价值

我们需要阐述产品、企业如何解决现有的市场问题，其创新之处以及预计的市场潜力，使投资者认识到我们的产品、服务或企业的独特性和潜在价值。

3. 展示团队实力

投资者关注的不仅是产品或服务，更是我们的团队实力。因为团队实力决定了产品力和服务力，以及企业的发展力。因此及时展示团队的专业知识、经验，以及对项目的执着和热情，可以让投资者看到团队独有的能力，有助于融资成功。

4. 讲述商业模式和盈利预测

我们需要向投资者明确展示企业的盈利模式、预计的收入和利润，以及整体的财务规划，让投资者清楚收益大于风险。

5. 明确未来规划

这包括这笔投资的用途、企业的发展策略以及预期的回报。这部分演讲内容能让投资者看到我们必胜的决心。

例如，2012年，张一鸣创办了字节跳动，并推出了头条新闻这个为用户提供个性化新闻推荐的产品。然而，当时市场上已经有了腾讯新闻、网易新闻等巨头。所以大多数人不看好字节跳动。为了获得发展资金，张一鸣一个月内拜访了30多位投资人，为了介绍项目把嗓子都说哑了，最终成功获得了首轮融资。

在完成这轮融资后，张一鸣对融资演讲进行了一番思考并总结了三个观点。这三个观点正是他投资演讲中"大戏上演"环节的三个论点。

（1）创业方向要有未来。这一论点要激发投资人的热情，进而产生投资的欲望。张一鸣还举例说："如果我说要开一家饭店，利润会非常高。大部分投资者不会感到兴奋，也不会有太大的参与欲望。但如果我说，我有机会改变全球手机用户获取信息的方式，这对投资人而言则非常有吸引力。"

（2）本人得到投资者的认可。我们需要向投资者展示自己的经历、可信度、执行力，让投资人放心，感觉我们可靠，投资人才敢给我们投资。

（3）拥有一支可靠的团队。一支可靠的团队是项目落地的基础，如果没有团队的支撑，投资者基本不愿意投资。

张一鸣提出的第一个论点包含了听众分析、商业模式和盈利预测、未来规划三个要点，第二个论点包含了阐述自身价值的要点，第三个论点包含了展现团队实力的要点。

我为这三个"钉子"设计了名字：看激情（项目让投资者激动）、看信任（自己让投资者信任）、看实力（团队让投资者认可）。相信这三个"钉子"能够帮助大家有效提升投资演讲的效果。

总而言之，相比其他几种场景，创业融资演讲是一种高难度的演讲，它需要我们深入分析听众，并从产品、团队、商业模式、未来计划等多个方面进行全面且深入的展示。只有做好这些，才能打动投资者，获取他们的信任和投资。

◆产品发布会中的演讲设计

产品发布是每个企业都会经历的重要时刻。在这种场景下，我们的演讲不仅要向用户展示新产品，而且要唤起他们的兴趣，引发他们的热情，让他们愿意为此付费。因此需要我们精心设计演讲。

1.展示差异化特性

产品的差异化特性可以是一个独特的功能，也可以是一个创新的理念。我们需要将其清晰地传达给用户，让他们记住并乐于分享。

2.解决痛点与需求

在介绍产品时，要围绕用户的痛点和需求，明确阐述产品是如何解决用户现有问题或满足他们需求的，进而与用户产生共鸣，增强他们对产品的兴趣和购买意愿。

3.呼吁行动

产品发布的最终目标是让人们采取行动，分享信息，购买产品等。因此，在演讲设计时，需要巧妙地引导听众，激发他们的行动欲望。

例如，我们公司将发布一款新的空气净化器，结合以上要点，借助"三段式演讲地图"我们可以这样设计演讲框架。

1. 拉开序幕

（1）引发兴趣。通过展示触目惊心的空气污染数据，或者播放一个关于空气污染影响的短片，快速抓住用户注意力。

（2）明确主题。强调空气污染对人体造成的伤害，之后明确新产品是未来家庭健康守护者的主题。

2. 大戏上演

（1）第一个论点：展示差异化特性。"钉子"——智慧"脑"（全新的AI技术）：讲述一个新产品利用AI技术，在主人感冒期间自动调节空气质量及干湿度，呵护主人健康的故事，以此强调新产品的差异化智能特性。

（2）第二个论点：解决痛点与需求。"钉子"——生活"心"：讲述一个真实的用户故事，展示用户生活在工业城市，空气质量低，但新产品具有强大的功能，能够应对各种空气污染状况，保证家庭生活中的空气质量与生活品质。

（3）第三个论点：产品性价比高。"钉子"——价值"体"：讲述产品的研发故事、生产故事，突出性价比。

3. 余音绕梁

（1）回顾总结。简短重述新产品的三大特性。

（2）主题升华。明确企业助力社会绿色发展的环保理念，明确未来愿景。同时公布超低价格，呼吁用户购买。

产品发布会中的演讲设计需要我们深入了解产品，同时了解产品受众，然后用最有影响力的方式展示产品。只有这样，产品才能在众多的竞品中脱颖而出，赢得市场的青睐。

> 演讲的力量十分强大，它能在最短时间内全方位、多层次地展现我们的优势，改变他人对我们的认知，甚至引领一种潮流、一种现象。
>
> ——赵金星

04

故事锦囊：如何丰富自己的故事库

前面我曾分享过，只要具备故事思维，具备发现故事的眼光，就能够发现故事无处不在。但发现故事只是丰富演讲故事库的起点，故事从发现到入库，需要一个系统的过程。这正是本节我与大家分享的重点内容：如何丰富自己的故事库。

建立并丰富故事库并非一蹴而就的事情，它需要我们不断地从生活中寻找、收集故事，经过筛选、整理和再创作，才能把这些故事转化为在演讲中发挥作用的"武器"。

这个过程包含四个重点，分别是唤起他人故事的技术、完善他人故事的技术、记录他人故事有方法，以及转述他人故事的注意事项。下面，我们对四个方面进行详细介绍，帮助大家强化自己获取故事的能力。

◆唤起他人故事的技术

我们知道，身边的每个人都有无数的故事，从特定人群身上我们可以丰富自己的故事素材，同时准确定位自己需要的故事类型。但如果我们直接向他人求教："请为我讲一个你的故事"，大多数人的大脑会一片空白，我们很难得到自己想要的答案。所以，这就需要唤起他人故事的技巧。下面我们来探讨如何使用技巧从他人身上得到自己想要的故事。

　　首先，要让对方能够在自己的头脑中搜索和回忆起他们的故事。我们可以十分巧妙地将这个过程融入日常聊天中，而不是让对方生硬地感觉像在接受一场面试或审问。例如，我们可以自然地问："你小时候有没有什么特别难忘的经历？""你认为人生中最有挑战性的阶段是哪一个？"，这样的开放性问题可以帮助对方更容易地想起他们的故事。

　　其次，我们不仅要成为优秀的故事讲述者，更要成为合格的故事倾听者。倾听他人的故事并非仅仅听他们的语言表达，更要捕捉对方的情感、理解对方的观念、探寻对方的世界观。这需要我们细心揣摩，注意对方的说话方式、表情、动作等非语言信息。因为人们在讲述故事时会无意识地展现某些观念和价值观，这正是我们需要把握的关键。

　　再次，营造一个舒适和安全的环境，让他们愿意分享自己的经验和感受。在这一过程中，我们要展现自己的同情和理解，给予他们足够的关注和反馈，让他们感到自己的故事被尊重和重视。

　　随后，我们可以使用复述技巧来证实自己是否真正听懂了他们的故事。复述不仅可以让他们知道我们已经理解了他们的意思，还能给他们一个纠正我们错误的机会。

　　最后，我们可以利用开放式问题来引导他们深入讲述。例如，"在××阶段发生了哪些让你难忘的事，又有哪些令你难忘的人""这一经历对你有什么影响？""这件事对你的人生观有什么改变？"这类问题能够鼓励他们更多地分享他们的思考和感受，从而使我们了解更多的故事细节。

　　倾听他人的故事，不仅能丰富我们的故事库，更是我们理解他人、理解世界的重要方式。而真正的倾听，不仅是听他人说了什么，更是要理解他们为什么这么说，他们在表达什么。每个人都是一个独立的个体，他们的故事为我们了解这个世界提供了多元化的视角。

◆完善他人故事的技术

　　我们身边的人是故事库素材的重要来源，他们的经历和体验都是珍贵的故事。然而，许多时候，我们在听他人分享经历时，会发现对方经常遗漏很多关键环节，而且遗漏的这些内容是我们无法弥补的。所以，我们需要具备一种捕捉遗漏内容的能力，不放过、错过任何有价值的细节，尤其是感觉对方的故事中存在不合理内容、不全面信息时，就需要通过提问来挖掘更多内容，从而完善整个故事的全貌。

很多时候，故事环节的遗漏会导致我们无法将其转化为有用的演讲素材。因此，我们需要一定的技巧来引导他们，让他们将这些关键环节讲述出来，从而使这些故事成为我们的宝贵素材。

提问的方式有很多，但重要的是挖掘故事中更有价值的细节。例如，我们可以问："你还记得当时是在哪里发生的？什么时间发生的？当时除了你，还有谁？后来发生了什么？你当时有什么感受？你说了什么？他们怎么说的？这段经历对你来说有什么价值或意义？"等。

这些问题不仅可以帮助他们回忆和讲述他们的故事，而且还可以让我们了解他们的情感和感受，从而使我们能够更好地理解他们的故事。需要注意，提问不仅要有目的性，也需要有耐心和尊重。提问的语气要充满期待、温和，不能强硬，我们的目的是听他们的故事，而不是评判他们的故事。

通过正确的引导技巧，我们可以获得更详细、生动的故事。当这些故事"入库"后，也能增加我们对他人和世界的理解，使我们的演讲更具深度和广度。

◆记录他人故事有方法

在成功唤起故事和完善故事之后，接下来就是故事"入库"的关键环节——记录故事。很多人误以为引导他人讲出了自己的故事，就等于丰富了自己的故事库。事实上如果我们不及时记录故事，真正能"入库"的信息非常有限，随着时间的推移，我们可能会忘记这些故事，或者忘记关键的故事情节。所以，养成良好的故事记录习惯，决定着故事库的丰富度。

养成良好的故事收集习惯主要依靠两种方法，分别是行为收集法和思维收集法。

其中，行为收集法是指我们在日常生活中遇到有趣、有启发的故事时，必须马上进行记录。记录的方法可以很简单，比如用手机进行语音记录，或者在笔记本上写下关键情节，但记录必须及时。因为我们的大脑容易忘记细节，只有及时记录，我们才能确保故事的完整性和鲜活性。另外，在记录完之后，我们还需要及时回看这些故事信息，并找机会讲述故事，这样才能加深我们对故事的理解，同时真正让这些故事为我们所用。

思维收集法是我设计的有助于故事搜集的思维结构，如图7-1所示。通过这种思维方式，我们可以加快大脑收集故事的效率。

故事提供者：

提供时间/地点：

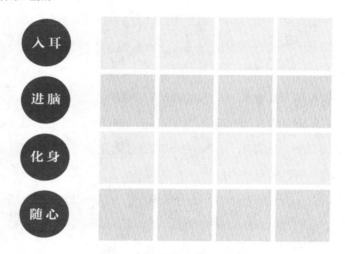

图7-1 故事搜集的思维结构

当我们遇到新的故事时，我们可以按照以下四个步骤进行思考和记录。

第一步，入耳。我们需要为新故事起一个贴切、接地气的名字，这样不仅可以帮助我们更好地记住这个故事，也更容易在需要时找到它。

第二步，进脑。我们需要详细记录这个故事的重要情节，特别是那些关键的、有冲突的、引发转折的情节。这些情节是故事的骨架，是我们理解和记忆故事的关键。

第三步，化身。我们需要从不同角度思考新故事，尝试从中提炼出三个引人深思的观点。这些观点可以是对人生的理解、对社会的观察，也可以是对未来的设想，甚至可以是与商业场景、组织内场景、职场场景等相结合的观点。

第四步，随心。我们需要思考新故事和提炼的观点在未来演讲中可能出现的场景，以及它与哪些主题有关联。这可以帮助我们在实际的演讲中更灵活、更有针对性地使用这个故事。

　　故事的"入库"是一个严谨的流程，而记录故事是其中的重要环节。记录故事不仅是一种行为习惯，更是一种思维方式。它帮助我们深入理解故事，挖掘故事的深层含义，从而使我们的演讲更精彩、更有深度。

◆转述他人故事的注意事项

　　当我们转述他人的故事时，需要深入理解该故事，并把握其核心情节与关键转折。我们需要在脑海中复现故事的每一个细节，包括场景、人物、情绪以及发生的事件。只有做到这一点，我们才能确保故事在转述过程中保持其原有的生动性与吸引力。

　　然而，仅仅把握故事的情节还不够，我们还需要找到故事的价值所在。换句话说，我们需要找到这个故事能够触动人心的地方，明确它是否有让人思考的部分，是否能引发共鸣，以及对我们的演讲有什么价值，是否能帮助我们更好地传达观点。

　　在明确了这些内容之后，我们才能够尝试将这些故事应用到演讲中。在演讲中转述他人的故事时，需要注意以下几个事项。

　　1.尊重故事原委

　　转述他人的故事时，我们必须尊重原故事，不能随意篡改故事的情节，更不能扭曲故事的原意。正如我前面强调的，故事可以编辑，但绝不能编造。

　　我们需要注意一点：有些我们听到的故事，也是他人转述的，我们可能无法验证故事的内容。针对这一情况我们可以通过三种方法解决：一是在讲述这个故事前，尽可能从不同方面验证故事的真实性；二是强调故事的来源，并明确其中有些内容并不确定真假；三是如果对故事的真实性存疑，那么这样的故事最好不要使用。

　　2.保留故事的关键点

　　转述他人故事时尽可能保留故事中的人物对话、情感表达等细节，这样可以使故事更生动，更有感染力。

3. 与演讲的场景契合

在转述他人的故事时，需要选择合适的场合和时机，确保它能帮助我们更好地表达观点，而不是偏离主题或打乱演讲结构。

4. 保护隐私

如果故事涉及他人的隐私，一定要在得到对方同意的情况下才能转述。如果故事中涉及的人比较敏感，或不方便透露，可以将其隐藏。

5. 归功于原作者

我们在转述他人故事时，应尽可能提到故事的原作者或来源，尊重他人的劳动成果。在转述他人故事时，建议使用第三人称转述，不要使用第一人称。因为如果把他人的故事变成自己的故事讲述，会存在以下两个风险。

一是我们对故事的了解局限于自己听到的内容，很多故事细节我们并不清楚，一旦听众提问，我们只能选择编造，这时容易出现逻辑漏洞，让听众失去信任。另外我们对自身发生的故事往往记忆深刻，而对听到的故事则无法长久清晰记忆。随着时间的推移，我们会忘记一些故事情节及内容，再次转述时会变成另外一个故事，这就导致同一个故事在不同时间出现了不同版本，听众同样容易对故事失去信任。

二是我们的听众中可能存在听过原版故事的人，如果我们把他人的故事转变为自己的故事，而被听众当面揭穿，这会陷入极其尴尬的境地，给听众留下不诚实的印象。

通过以上步骤和注意事项，我们可以更好地把他人的故事融入自己的演讲中，使我们的演讲更具深度和广度。总而言之，转述他人的故事是一门艺术，需要我们以尊重和理解的心去转述他人的故事，以细致和热情的心去呈现他们。

> 在演讲中，面对舞台、观众以及未知的问题，我们的故事储备会影响我们的发挥。没有充足的故事准备，再精彩的演讲内容也会在演讲者口中失去活力。
>
> ——赵金星

05

做个人品牌时必须会讲的商业故事

在信息爆炸的自媒体时代，各种社交平台不断迭代更新，个人品牌逐渐成为这个时代含金量最高的商业元素之一。个人品牌的强大，不仅能使我们在竞争激烈的市场中脱颖而出，还能让我们在人潮中大放异彩。更重要的是，打造个人品牌并没有特殊限制，个体可以通过打造个人品牌崭露头角。

在这样的情况下，商业故事成了一个高效的手段。它不仅能在短时间内展示我们的核心价值，还能迅速建立与听众的情感联系。更重要的是，一个引人入胜的故事往往能在三分钟内抓住听众的注意力，让他们看到或感受到我们被隐藏的优秀特质。因此，从时间和效率的角度来考虑，通过讲故事来建立和强化个人品牌无疑是最直接和最有效的方式。

所以，如果想在激烈的商业竞争和信息过载的环境中，成功打造自己的个人品牌，那么掌握讲商业故事的艺术就变得尤为重要。这不仅是一种完整展示自我、赢得公众信任的方法，也是一种快速传播个人价值和影响力的手段。

构建个人品牌，需要我们深入了解自己，并清楚以下三个问题的答案。

● 自身独特、优秀的品质是什么？

● 为何可以影响他人？

● 我们的天赋是什么？

　　这些问题看似宽泛，但只要我们明白，用故事构建个人品牌的关键是将自己的品德和才能紧密结合，并通过巧妙的方式呈现，那么我们就会发现这三个问题的答案能够带给我们哪些改变。

　　例如，曾获"安徽省五一劳动奖章""安徽省劳动模范"称号的中国电信员工叶红义，不仅是电信公司的一张亮眼名片，更是以一则商业故事成为公司品牌的象征。

　　2023年，一篇名为《连接大山深处的"信号源"》的网络文章走红，这篇文章讲述的正是叶红义的故事。

　　叶红义是中国安徽省宣城市绩溪县伏岭镇大山深处的一名基层电信员工。20多年来，他扎根这里，用信息化为山区开启了一扇通向外界的"大门"。他服务着4个行政村，平均每天徒步20公里，服务700多户，且保持着零投诉记录。除了专业工作，他还额外负责向偏远山区送快递。这种无私的奉献精神和强烈的责任心，使他赢得了当地人的尊重和信赖。

　　他是当地唯一历经过三代通信技术的人，从20世纪90年代的电话线到21世纪的宽带和光缆，他样样精通。他的专业技能不仅让大山深处的村民享受了与外界相连的便利，还推动了当地乡村旅游业的发展。正因此他被称为连接大山和外界的"信号源"。

　　叶红义的故事不仅彰显了他的品德和才能，更创造了一个影响力极大的个人品牌。这个品牌不仅关乎电信公司的业务范围，更体现了电信人的人格魅力，以及服务社会和人民的品质。

　　从叶红义的故事中，我们能够看出，通过具体的情境和事件，将个人的品质、能力生动有力地展现出来，正是打造个人品牌的有效方法。这需要我们挖掘自身独特的品质、才能或者具体的经历和事件。对于个人来说，至少需要找出能代表自己的三个特质。然后，从自己的经历中，抽丝剥茧，寻找能展现这些特质的故事。

　　如果我们仍然无法找到合适的故事，或者找到了故事，但无法提炼任何特质，那么我们可以寻求他人的帮助，听取他们对自己的评价，或者将找到的故事讲给他们听，听取他们的评价。

　　这个过程可能会让一些人感到不自在，因为它涉及自我宣传，可能会让人感觉我们在炫耀。可实际上完全不用担心，因为我们不需要直接告诉他人自己的特质，只是通过分享故事来收集反馈而已。

　　这里需要特别强调一个关键点：在演讲或者任何形式的自我表达中，每一个故事都具有双重作用。这些故事的核心目标应该是服务于演讲的主题，同时它还有另外一个作用，便是引导听众对我们形成某种认知。

　　在讲述故事的过程中，听众总会不可避免地根据我们讲述的个人故事对我们进行评价。这一点是非常自然且几乎无法避免的。因此，我们需要把握每一个讲故事的机会，为演讲设定一个"隐藏目标"，利用这一机会来有意识地建立或强化我们的个人品牌。通过精心选择和讲述故事，不仅能更有效地传达演讲的主要信息，还能让听众对我们有更全面、更深入的了解，这对于个人品牌的建立极其有价值。

　　通过这个过程，我们可以为自己的个人品牌添加深度和维度，使其更有吸引力和影响力，使我们吸引更多粉丝，在人群中脱颖而出。

　　总而言之，构建个人品牌不仅是一个持续深入地了解自己的过程，也是一个持续地通过故事展现自己优秀特质的过程。在这个过程中，商业故事是我们的有力工具，它能够帮助我们建立与听众的深厚连接，创造共享的情感体验。

　　接下来，我将分享一些在构建个人品牌时必须会讲的商业故事。在个人品牌塑造的路上，这些故事是我们一路高歌猛进的砥柱，能够帮助我们在行业中崭露头角，展现独特的魅力。

◆代表个人特质的故事

　　每一个人都是独一无二的，每一个人都有自己的特质。人格特质在打造个人品牌时不仅能够成为鲜明的标签，也能成为影响他人的重要资源。

　　我们的个人品牌也应该表现我们的特质。如此，代表个人特质的故事就显得尤为重要。它可以将我们的特质生动地展现出来，让听众更好地理解和接纳我们的观点，从而建立起深厚的人际关系。

富有个人特质的故事是我们个人品牌的独特印记，它可以赋予个人品牌无可比拟的深度和丰富度。因为个人特质的故事往往蕴含着我们的生活经历、价值观，以及我们如何对待生活中的挑战和机遇。只要这类故事能够揭示出我们的特质，那么它就是个人品牌的最好表达。

例如，通用汽车公司的首位女性CEO玛丽·芭拉（Mary Barra）就是一位懂得利用个人特质故事成功塑造个人品牌的智者。提起玛丽·芭拉，认识她的人会立即想到坚韧不拔、务实、勤奋的特质。她正是凭借这种特质引领通用汽车成功转型为专注于电动和自动驾驶技术的现代车企，为公司在未来汽车市场上的健康发展开辟了新的道路。

关于玛丽·芭拉领导通用汽车转型的故事非常丰富，因为通用汽车的转型并非顺风顺水，她遭遇了公司的破产保护，以及技术创新带来的一系列质量问题。但每一次遇到挑战，玛丽·芭拉都没有丝毫退缩，她凭借自己的坚韧和决断力，在无数质疑声中坚持树立以消费者为中心的企业文化，顺利带领通用汽车完成了蜕变。

2022年，在通用汽车向新能源领域转型的关键阶段，市场反馈并不好。在全面完成转型后，通用汽车的市场口碑才大幅上涨，2023年7月，通用汽车的新能源汽车同比上涨105%，环比上涨217%。其中，别克ELECTRA E5的交付量达到3587辆，创下新高。

玛丽·芭拉的故事告诉我们，个人特质故事可以来自挑战和困难，正是这些经历让我们的个人品牌更鲜活和立体。

例如，宜家创始人英瓦尔·坎普拉德（Ingvar Kamprad），他以节俭和实用主义著称。尽管身家丰厚，他仍坚持搭乘经济舱出行，这一故事成为他节俭品德的生动体现。这个故事虽然简单却深刻，展示了坎普拉德的品德，成为他个人品牌的核心部分。

可见，在打造个人品牌时，我们不能忽视个人特质故事的力量。我们需要挖掘和分享那些能够展示我们特质的故事，让这些故事成为我们个人品牌的核心部分，赋予我们的品牌深度和丰富度，让我们的品牌在人海中独树一帜。

◆个人努力实践并取得成果的故事

"实践出真知"是人类发展中总结出的生活智慧，因为我们的行动、努力、决断，以及实践得出的成果，都能够彰显我们思维、行为的独特之处，进而构成了个人的品牌。因此，讲述个人努力实践并取得成果的故事，有助于个人品牌的塑造。

无论在哪个时代，成功经验都是容易打动听众的故事。如果我们讲述自己如何从挑战中找到解决方案，如何克服困难并最终取得成功的，不仅能够得到听众的认可，还能够彰显自己的坚韧品质，从而产生共鸣，建立信任。

特斯拉的CEO伊隆·马斯克（Elon Musk）就是一位懂得讲述个人努力实践并取得成果故事的高手，他曾凭借这种能力在绝境中扭转了自己的命运。

在特斯拉出现之前，电动汽车更多的是老年代步车、公园观光车的代名词。在所有人都不看好电动汽车的年代，马斯克却异常坚定地相信，电动车最终将替代燃油汽车。2004年，马斯克入股了一家刚成立几个月的小公司——特斯拉，成了公司最大的股东。

当时，特斯拉确立了面对大众市场，研发性能可以替代燃油车的新型电动汽车的目标，马斯克准备凭借自己的努力让全球汽车市场迈向一个新的时代。

2008年，特斯拉研发的第一款电动跑车Roadster横空出世，百公里3.6秒的加速，393公里的单次充电续航，颠覆了人们对电动汽车的认知。

然而，这时，特斯拉内部早已陷入严重的财务危机，公司连最基本的日常运转都无法支撑。不久后，2008年全球金融危机爆发，特斯拉走到了倒闭边缘。

2008年的圣诞节前夕，一份申请破产保护的文书摆到了马斯克的办公桌上，但马斯克迟迟不愿签字。几日后，马斯克召开了主题为"申请破产保护"的董事会，正当公司其他董事思考应该如何破产清算时，马斯克眼含热泪说出了这样一段话："我筹到了一笔资金，公司可以继续运转下去。这笔钱是我变卖一切财产得到的。我希望这场董事会的主题从破产清算变为内部融资，大家自愿认购，目标为6000万美元，我自己出资2000万美元。"

当时，马斯克的热血与坚持感动了在场所有人，公司董事纷纷认购，就这样特斯拉得以度过至暗时光，命运开始转折。

这就是特斯拉和马斯克创业初期的故事，而这个故事也被马斯克在2009年搬到了戴姆勒·克莱斯勒公司。当时，马斯克不仅介绍了特斯拉的坚持，更详细介绍了多年来他和团队是如何坚持、努力打造改变汽车行业格局的Roadster的，正是这个故事让戴姆勒公司决定用5000万美元购买特斯拉10%的股份。

马斯克的故事不仅让人们看到了他的决心和毅力，更让他在行业中成功打造了"商业狂人"的个人标签。

从马斯克的故事我们可以看出，打造一个有影响力的个人品牌，需要运用故事的力量，我们要讲述那些展现自己决心和努力，最终取得成功的故事。通过这些故事展示自己的实践和成功，让听众感受到我们的决心和能力，从而产生信任，树立明确的个人标签。

◆ 个人专业能力的故事

自媒体领域流行"头部大咖"这个名词，这个名词主要用于形容某一行业或领域内专业度较高的人士。这一群体不仅能有突出的个人品牌，且对整个行业、领域能够产生较大影响。

专业技能和知识是打造"头部大咖"的重要基础，而成为"头部大咖"的途径恰恰是讲述个人专业能力的故事。

在构建个人品牌的过程中，专业技能和知识的展现尤为重要，它们是我们得以在特定领域脱颖而出的独特标识。讲述个人专业能力的故事，可以展现专业知识和技能，提升我们在听众心中的专业形象。

以社交媒体为舞台，许多自媒体大咖凭借自己的专业知识和能力吸引了大批粉丝，例如，我国知名的科普自媒体人李永乐老师，凭借自己深厚的物理知识，以及生动有趣的讲述方式，吸引了大量的粉丝。他的"李永乐老师"个人品牌，已经成为中国科普自媒体界的重要标志。

总而言之，通过讲述个人专业能力故事，不仅能让听众了解我们的专业技能，同时可以打造我们在某一领域的专业形象，进一步增强个人品牌。这种方法不仅是打造个人品牌的有效手段，更是放大个人能力价值的重要途径。

◆ "我能如何帮到大家"的故事

商业市场中有这样一句名言："你的价值不在于你拥有多大能力，而在于你能为用户带来什么。"在利用故事力量构建个人品牌的过程中，我认为这是一种不错的讲故事方式。通过"我能如何帮到大家"的故事，我们可以让听众更清楚地了解自己的价值。

这类故事不仅要阐述我们的能力和技能，更要清晰地表达这些能力和技能是如何应用到实际生活中，并为他人解决问题或改善生活的。通过展示我们如何帮助他人的故事，可以增强听众对我们的信任和依赖。

例如，汤姆斯鞋业的创始人布莱克·麦考斯基（Blake Mycoskie）就通过这样一个故事打造了全球知名品牌。他帮助大家的方法非常简单：公司每卖出一双鞋，就会给需要的人捐赠一双。这就是他创造的"One for One（卖一捐一）"的商业模型。这种把销售和慈善融合的商业模式不仅为布莱克·麦考斯基赢得了慈善家的美誉，也让用户对汤姆斯鞋业产生了好感。

如今，"One for One"的商业模型已经扩展到了多个领域，但每当提及这种超越功能性利益的商业模式，人们想到的都是布莱克·麦考斯基。

从这个故事中我们可以看出，我们讲述"我能如何帮到大家"的故事，既可以清晰地表达自己的价值，也可以增强听众的信任和敬佩，从而构建一个更加强大的个人品牌。

◆ 个人品牌故事的 7 个 TIPS

在了解了打造个人品牌必须会讲的几个商业故事后，我们还需要针对讲述商业故事的方法，思考几个匹配的策略。为了提升大家借助商业故事力量打造个人品牌的效果，我将分享自己在这一领域的研究心得。

1. 善于倾听

在讲述自己的商业故事之前，我们需要花费一些时间去了解听众的需求和期望。只有故事契合听众的需求与期望，我们的故事才能够真正触动他们，我们的个人品牌才能够有效树立。

2. 选择合适的平台

自媒体时代，打造个人品牌需要选择一个合适的平台，因为不同平台的用户属性不同，针对不同用户讲述的商业故事的类型也不同。比如小红书是一个垂直领域的"种草"平台，而抖音则是趣味生活平台，讲述个人专业能力的故事首选小红书，而彰显个人品德的故事则更适合抖音。

3. 真实和透明

在讲述商业故事时，我们要做到故事真实、透明。真实的故事更容易产生共鸣，编造的故事则会导致人设崩塌。

4. 坚持一致性原则

在打造个人品牌的过程中，商业故事的一致性至关重要。只有故事内容与个人品牌保持一致，商业故事才能真正为个人品牌持续赋能。这里我们需要注意，讲商业故事虽然能够为自己的个人品牌加分，但强行为自己的个人品牌安插一个故事则违背了一致性原则。一旦听众发现我们根本不具备商业故事中描述的特质，则会起到相反的效果。

5. 强化技巧

讲故事是一种技巧，需要不断磨炼。尝试用不同的叙述方式讲述同一个商业故事，能够提升听众听故事的效果，为我们的个人品牌收获更多的忠实粉丝。

6. 警惕负面影响

故事虽然能够引导听众对我们的个人品牌产生认知与理解，但引导的方向需要我们谨慎把控，因为一旦方向错误，很容易对个人品牌的打造产生负面影响。多年前，我听过一位企业高管讲述自己个人品牌的故事。他主要讲述了自己是如何在成长过程中使用特殊手段击败对手的。我知道他是为了突出现代商场的残酷，但却在故事中传达了一些不太符合普世价值观的理念，导致我对这位企业高管产生了敬而远之的心理。由此可见，利用故事打造个人品牌一定要警惕负面影响。

7. 尊重他人的品牌

当我们用故事建立个人品牌时，特别是涉及他人或对手时，一定要谨慎。讲故事时，我们可以重点突出个人品牌，但不要贬低、诋毁他人。因为这种方法很容易引发听众的抵触情绪，树立不必要的竞争对手。

分享个人品牌故事时，既要让故事真实、有代入感，还要确保它不会伤害其他人，只有建立一个正面、健康的品牌形象，才能让品牌故事更有说服力。

以上就是借助商业故事打造个人品牌时可以使用的7个策略，善用这些策略不仅能够提高商业故事的力量，还可以扩大我们个人品牌的影响力。

> 商业故事不仅能在短时间内展示我们的核心价值，还能迅速建立与听众之间的情感联系。
>
> ——赵金星

第八章

故事并非万能，真诚能得人心

故事是一种力量，它能打动人心，改变世界，塑造未来。但我们也要明白，故事并非万能，它并不能解决一切问题，也不能替代我们的真诚和热情。因此，我们需要静下心来，用更直接、更真诚的方式和听众交流。在故事的海洋中，我们寻找自我，明确真诚的力量，把每一个故事都讲成完美的"那一刻"。

01
故事并不能解决一切问题

　　故事具有强大的魅力，它能触动我们的情感，启发我们的思考，引导我们的行为。通过讲故事，我们能在生活、工作中，更好地与听众建立联系，触动他们的情感，引导他们的思考。

　　然而，我们也必须认识到，故事并不能解决一切问题。

　　首先，我们要清楚地认识到，故事的力量源自它能够触动听众的情感，引发共鸣，但共鸣并不能解决各种问题。尤其在我们面对复杂的问题时，我们需要更严谨的逻辑，更深入的分析和更具操作性的解决方案。当我们面对公司运营困境或者个人生活中的困扰时，虽然我们可以通过讲述故事来启发思考，引导我们找到解决问题的方向，但真正要解决问题，还需要我们对问题进行深入分析，找出问题的根源，提出具体可行的解决方案，再通过行动去实施方案。在这个过程中，故事只能起到启发和引导的作用，而不可能完全替代理性思考和实际行动。

　　其次，过度依赖故事，可能会让我们陷入思维惯性中，即我们会形成"事事都需要讲故事"的思维定式。这容易导致我们过度注重讲故事，而忽视了实质性的工作。例如，在一场产品发布会上，我们可能会过度注重如何构建一个完美的产品故事，以期引发听众的共鸣，但可能忽视了产品的质量，或者产品和市场的匹配度。当我们过度追求讲故事，而忽视了工作的实质性内容，可能会让我们陷入形式主义的陷阱中，忘记了最初的目标。

更重要的是，故事是个体的表达，是从某个角度、某个视角对事物的理解和阐述。每个人对同一事物的看法可能有所不同。因此，针对同一件事情可能会有多种不同的故事版本。

故事的实质是我们真实经历和感受的表达，是我们观察世界、理解生活的方式。当我们过度追求故事的形式，而忽视了它的实质，我们的故事可能会失去灵魂，甚至失去听众的信任。

因此，虽然故事具有很强的感染力，但我们不能过度依赖或者滥用故事。我们需要理性地对待故事，既要充分利用其优势，又要认识到其局限性。我们可以把故事作为一种工具，一种表达和沟通的方式，而不是唯一的手段。我们需要把故事融入我们的生活和工作中，而不是让故事控制我们的生活和工作。只有这样，我们才能更好地利用故事，实现我们的目标，而不是被故事牵引。

> 故事虽然可以起到启发和引导的作用，但是不能完全替代理性思考和实际行动。
>
> ——赵金星

02

你相信并感动的故事才有可能打动听众

分享一个故事，不仅是叙述事情的发生过程，更是在传递一种情感、一种情绪和一种态度。只有当我们自己深信这个故事，被这个故事感动时，才能将这种情感、情绪、态度有效地传递给听众。

这种深层次的信念和感动，是我们对故事的深入理解和体验。我们因为故事中的某个角色、某个情节、某个情况，产生共鸣，受到触动。这种共鸣与触动，能使我们深入理解故事和体验故事，从而产生信任与感动。

缺乏这种信任和感动，我们就只能成为故事的"搬运工"，而不是故事的讲述者。这种深层次的信念和感动，会使我们讲述的故事更生动，更真实，更有感染力。我们会自然而然地将情感、情绪和态度，通过语言、表情以及肢体动作传递给听众。这样的故事会具备一种无形的力量，穿透语言的表面，直达听众的心灵深处。

作为故事讲述者，我们需要明白，故事的感染力并非单纯来自故事本身，而是故事讲述者对故事的理解和情感传递。试问，如果讲述者对故事没有真实的信任与感动，那么又如何有节奏地调动听众的感情，使故事发挥最大的作用呢？

因此，只有当我们自己先相信并感动于一个故事时，才有可能将这个故事有效地传递给听众并打动听众。因为，只有真实的情感，才能产生真切的共鸣；只有坦诚的态度，才能产生真诚的信任；只有深刻的理解，才能产生深度的感动。

03

没有完美的故事，只有完美的"那一刻"

当我们准备讲述故事时，往往会陷入追求完美故事的误区，期望构建故事的完美框架、完美情节以及完美结局。然而，世界上并不存在绝对完美的故事。每个故事都有它的不足之处，没有一个故事能够完美地适应所有听众，满足所有情境。因为每个人对完美的定义不同，对故事的理解和感受也各异。

既然没有完美的故事，我们应该如何讲述一个好故事呢？答案是追求故事中完美的"那一刻"。"那一刻"可以是故事的转折、冲突的高潮，也可以是解决问题的关键。"那一刻"是故事的灵魂与精华，可以深深地打动听众的内心，引发听众的共鸣，改变听众的行为。因此，我们在讲故事时，应该专注于如何打造完美的"那一刻"。

完美的"那一刻"并非指对某一元素的不断雕琢与修饰，而是我们对故事的深度理解和塑造。

首先，我们需要找到故事的"那一刻"。这需要我们定位故事的核心、故事的转折点或故事的高潮。接下来，我们需要对"那一刻"进行升级优化。将"那一刻"描述得更生动、具体，把"那一刻"包装得更吸引人。总之，我们需要思考如何让听众看到、感受到和记住"那一刻"。

其次，我们需要思考如何更好地展现"那一刻"。从语言、声音、表情以及肢体动作等方面策划，如何使用这些元素展现"那一刻"的重要性、真实性以及感人之处。我们需要让听众体验到"那一刻"的强烈情感与剧烈冲击，进而增强"那一刻"的深远影响。

最后，我们还需要思考如何放大"那一刻"，包括放大"那一刻"的影响、意义和感染力。让"那一刻"成为故事的高潮、精华和亮点。总之，我们需要让"那一刻"烙印在听众心中，影响听众的思考，激发听众的行动。

通过这样的方法，我们才能够让故事的"那一刻"变得更完美，才能够讲述更感人的故事。这也是我们提升讲故事技巧的一种重要策略，是我们不断发挥故事力量的有效路径。

> 每个故事都有它的不足之处，没有一个故事能够完美地适应所有听众，满足所有情境。
>
> ——赵金星

04

什么时候别讲故事

故事是一种非常有效的沟通工具，可以帮助我们更好地传递信息，增强我们的演讲效果。然而，这并不意味着在任何情况下我们都可以讲故事。事实上，在一些特定的场景下，讲故事并不是最好的选择，甚至可能会产生相反的效果。接下来，我们一起探讨这些场景。

1. 当时间不充裕时，慎用故事

一个好的故事需要时间来讲述和构建情节，以引发共鸣。如果时间有限，可能会导致我们不能把故事讲完，或者不能把故事讲得足够深入，这样就可能会削弱故事的效果，甚至可能让听众感到困惑和失望。因此，当时间不充裕时，我们可以选择用更简洁、直接的方式来传递信息，而不是讲故事。

另外，如果对方时间紧张，根本没有听故事的状态，讲故事则容易让对方反感。比如有一位朋友讲述了这样一段经历，他是一家医疗公司的高管。当时他们公司希望和当地一位权威专家沟通一个重要项目，多次预约后，这位专家终于有了10分钟的时间。沟通时，这位朋友希望通过一个故事讲述公司团队的专业实力，但几分钟后专家就打断了他，并对他说："好了，时间差不多了，你说的我知道了。"专家说完便婉拒了继续沟通的请求。

由此可见，在时间不充裕的时候，慎用故事。因为讲故事也是一种沟通方式，我们不仅要关注自己的表达内容，更要关注听众的状态。只有我们的表达能满足对方的需求时，沟通才能发挥作用。

2. 当听众有敌意时，慎用故事

如果听众对我们有敌意，或者对我们的观点有强烈的反对意见，那么讲故事反而会增强听众的敌意，让听众感觉我们在拖延时间和敷衍他们。这种情况下，我们可以选择用事实和数据来支持我们的观点，用逻辑和论证来说服听众，而不是用故事来打动听众。

3. 在讲故事前，如果听众带有不良的情绪，慎用故事

我们在与听众沟通前，如果听众因为其他事产生了不良情绪，这时要慎用故事。因为不良情绪会影响听众的正常思维，很难与我们达成共识，甚至会在沟通中发泄情绪，质疑故事，反驳我们的观点。

4. 没有练习过的故事，要慎用

讲故事是一门艺术，需要通过练习和磨炼不断提升技巧。如果在讲故事前没有进行充分练习，可能会在讲述过程中出现各种问题，如讲述不流畅、内容混乱、重点不明、时间冗长等，这样可能会削弱故事的效果，让听众感到困扰和迷惑。因此，如果我们没有对故事进行充分练习，那么应该尽量避免在正式场合讲述故事。

5. 应该避免让同一批听众听同一个故事

虽然故事非常有效，但我们反复讲同一个故事，会让听众感到厌烦和反感。我们应该尽量提供新的、有趣的、相关的故事，以保持听众的兴趣和关注度。不过存在一种例外的情况，在企业内讲述愿景或使命故事时，不仅可以反复讲，而且需要着重突出，因为这些故事是企业愿景、使命的直观诠释。

6. 避免让演讲全是故事

虽然故事是非常有力的工具，但如果演讲只是一连串的故事，可能会让听众感到厌烦。我们应该在演讲中合理安排故事和其他元素的比例，进行合理搭配和切换，以保持听众的兴趣和关注度。

总而言之，虽然故事是非常有效的沟通工具，但是在某些特定的场景下，我们

应该慎用故事。我们应该根据具体的情境和听众，选择最适合的沟通方式，以达到最好的沟通效果。

故事不是万能的，了解故事的使用边界，可以更好地运用故事。

——赵金星

讲好故事真的很重要

在本书编撰完成之际，我不由回想起自己与"故事"结下的不解之缘，多年来在"故事"的陪伴下，我的生活发生了很多改变。如今，上海轶事顾问公司已成为全国知名的"故事的力量"研究公司，我倍感欣慰，也更加意识到自己有义务帮助更多的人通过"故事"受益。

"讲好故事真的很重要"这句话不仅是我对朋友的建议与忠告，更是我个人的人生感悟。这里，我与大家分享一个我人生中很重要的故事。

2016年，我与几位志同道合的朋友共同创立了上海轶事顾问公司。当时的我们豪情壮志、意气风发，坚信自己踏上了伟大的旅程。然而，创业之路大多不是坦途，对于我们这个专注于"故事的力量"的新生事物来说，挑战更是前所未有。在创业初期，我们屡屡碰壁，公司的发展也举步维艰。

生存的压力给我们几位合伙人泼了一盆冷水，当大家坐在一起思考公司未来的发展方向时，曾经志同道合的团队出现了巨大分歧。一位重要的合伙人认为，我们需要开拓更广阔的业务领域，寻找更多可能性，才能让公司活下来。他甚至认为即使有些业务与我们主营的"故事的力量"无关，只要能带来利润，我们都应接受。

听到这个观点，我的心里五味杂陈。因为我始终坚信，只有专注于"故事的力量"，才能打造出我们的核心竞争力，才是公司脱颖而出的关键。如果我们因为眼前的得失而放弃了最大的优势，那么公司的未来堪忧。

分歧暗藏隐患，公司内部开始酝酿风雨。如果无法在战略方向上达成共识，那么刚刚建立的公司有可能因为理念不同而解散。那段时间，我甚至开始犹豫，自己的坚持是否正确，我们到底能否渡过这一难关。

就在我陷入迷茫之际，一个真实的故事让我重新找回了信念，也为公司的发展带来了转机。

当时，我在杭州为一家企业进行"故事演讲力"的培训。一位女学员站在台上，讲述了这样一个故事。十多年前的一天，她突然接到母亲的电话，电话刚刚接通就听到母亲哭着说："闺女，你爸爸走了！"事发突然，女学员当时大脑一片空白，在她反应过来之后，急匆匆地赶回老家。

这时，她接着说到，平时因为工作忙，又在外地工作，回家的次数比较少。回到家中，看到父亲的遗体后极度痛苦，因为忙着处理父亲的后事，那种悲痛的情绪就在心里积压着，没有发泄的机会。父亲的后事处理完，她到派出所去注销父亲的户口。从派出所出来后，她拿着户口本，突然意识到这个世界再也没有父亲了，那一刻她才真正意识到父亲真的离开了。压抑许久的情绪一下子爆发出来，她再也控制不住，蹲在人来人往的街头失声痛哭。她脑子中不断回忆起自己多次错过的与父亲沟通的机会。因为工作繁忙，她没有接听父亲的电话；因为心情不佳，她匆匆挂断了父亲的电话；因为假期短，她不愿来回奔波，放弃了回家陪伴父母的机会。她脑海中一次又一次地回放着错过的遗憾场景，她追悔莫及。

最后，她哽咽地说道："如果大家的父母还健在，一定要多陪陪他们，哪怕只是打一个电话问候一声。千万不要等到失去的时候才后悔。"

当女学员讲完这个故事时，现场所有人都沉默了，直到一位学员提出："老师，要不我们休息一下，都去打个电话吧！"在休息的这段时间，很多人都掏出手机给家人打了一个电话，当然也包括我，当母亲接到我的电话时还问我怎么了，有什么事，我只是淡淡地说了句："没事，就是想听你说两句话。"

第二天，培训快结束时，大家纷纷分享这次培训的收获。其中一位学员说道："这两天除了从赵老师那里获得收获，我还要感谢那位学员。她的故事解开了我和父亲多年的心结。"

那一刻，我突然强烈意识到我在做一件非常有意义、有价值的事。回到上海，在合伙人会议上我将这个故事分享给大家。我详细地叙述了那位女学员的故事，以及我从中感受到的力量。我想让合伙人明白，这才是我们所追求的——"故事的力量"。

听完我的叙述后，会场陷入了沉默，所有人都陷入了思考。那位最初提出异议的合伙人低着头，沉默了许久。然后，猛然抬头对我说："我觉得你是对的，我们有责任也有义务帮助更多人从故事中受益。"

在发展理念达成一致后，公司的凝聚力得到了极大的增强。我们不仅共同渡过了难关，而且在后续的日子里更加团结，取得了今天的成就。

这段经历不仅是我人生感悟的来源，也是我未来坚持的方向。从那一刻起，我坚信自己进入了人生的另外一段旅程。我相信，每一个成功的公司都有自己的转折点，可能是艰难的决定，也可能是灵光一闪的瞬间。对我们而言，那个转折点就是我在会议上分享的那位女学员的故事。那个故事让我们所有人都产生了共鸣，它把我们从纷繁复杂的商业策略中解放出来，让我们回归创业的初心："故事的力量"。

故事拥有奇妙的力量，它能超越时间和空间，让听众亲身经历讲述者的喜怒哀乐。它将人们紧紧连接在一起，一起哭泣，一起欢笑，一起感同身受。故事不仅是传递信息的工具，更是引发共鸣、激发情感、促进理解的桥梁。我们生活的每一天都充满了各种各样的故事，无论我们是讲述者，还是听者，我们都是故事的一部分。

在这里，我想告诉所有朋友：无论我们今天是何种身份，面对何种生活境遇，都要意识到"讲好故事真的很重要"。因为故事能改变我们的生活和命运。我们都是生活的主角，我们都在描述自己的故事。学会讲好故事，我们便可以描述更美好的世界。

未来，我将继续在生活、工作中展示"故事的力量"，努力让更多的个人和组织从故事中受益。对我而言，这已经不再是一份责任和使命，而是毕生的追求。后续"故事领导力""故事销售力""故事助力企业文化"等相关主题的图书也会陆续出版。

最后，我想说，故事拥有强大的力量，我们在运用故事时要保持一颗善心，"用故事，不作恶。"